ドイツ家庭事件及び非訟事件の手続に関する法律

ま え が き

　この資料は、法務資料第469号として、法務省大臣官房司法法制部から刊行されたものです。

　実務に携わる各位の好個の参考資料と思われるので、当局のお許しを得て頒布することといたしました。

　令和6年2月

　　　　　　　　　　一般財団法人　法　　曹　　会

は し が き

　この資料は、ドイツ家庭事件及び非訟事件の手続に関する法律（Gesetz über das Verfahren in Familiensachen und in den Angelegenheiten der freiwilligen Gerichtsbarkeit（FamFG）の2023年1月1日現在の法文）を翻訳したものである。

　全体監修、概説及び翻訳は、次の方々に委嘱した。ここに、その労に対し、深く謝意を表する次第である。

○全体監修・概説・翻訳
　　東京大学大学院法学政治学研究科教授　　畑　　瑞穂
○全体監修・翻訳
　　神戸大学大学院法学研究科教授　　　　　八田卓也
○翻訳
　　神戸大学大学院法学研究科教授　　　　　青木　　哲
○翻訳
　　神戸大学大学院法学研究科教授　　　　　浦野由紀子
○翻訳
　　東京大学大学院法学政治学研究科教授　　垣内秀介
○翻訳
　　中央大学大学院法務研究科教授　　　　　高田裕成

令和5年12月

　　　　　　　　　　　　　　　　　　　法務省大臣官房司法法制部

目　　次

［概説］
ドイツ家庭事件・非訟事件手続法
－概説

ドイツ家庭事件・非訟事件手続法－概説

東京大学教授　畑　瑞穂

1　ドイツ家庭事件・非訟事件手続法の成立

　ドイツ「家庭事件及び非訟事件の手続に関する法律（Gesetz über das Verfahren in Familiensachen und in den Angelegenheiten der freiwilligen Gerichtsbarkeit〔略称は、FamFG〕）」（以下では、「家庭事件・非訟事件手続法」と呼ぶ。）は、2008年に成立し、2009年9月1日から施行されている[1]。

　かつては、非訟事件については、主に、1898年にドイツ民法典（Bürgerliches Gesetzbuch〔略称は、BGB〕）とともに制定されたドイツ非訟事件手続法（Gesetz über die Angelegenheiten der freiwilligen Gerichtsbarkeit〔略称は、FGG〕）が規律していた。また、離婚訴訟等の人事訴訟事件については、1877年制定のドイツ民事訴訟法（Civilprozeßordnung〔略称は、CPO〕）以来、その中に特則が置かれており（第6編）、1898年のBGB制定とともにCPOが改正された（Zivillprozeßordnung〔略称は、ZPO〕となった）際に、親子関係事件に関する特則も第6編に設けられていた[2]。

　家庭事件・非訟事件手続法は、これらをいわば統合して成立した法典であり、日本の現行法で言えば、家事事件手続法、非訟事件手続法、人事訴訟法を合わせたものにおおむね対応する幅広い適用範囲を有するものである。

---

[1]　制定後間もない時期の解説として、垣内秀介「ドイツにおける新たな家事事件・非訟事件手続法の制定」法の支配155号35頁[2009]がある。
　本稿では、垣内・前掲及び政府草案の理由書（BT-Drucks. 16/6308 S. 161）のほか、主に以下の文献を参照している。
　Keidel et al.,FamFG 20.Aufl. [2020]
　Prütting et al,. FamFG 5.Aufl. [2020]
　Bumiller et al., FamFG 13.Aufl. [2022]
　なお、本稿の性質上、文献の引用は極めて限定的なものである。
[2]　公示催告手続についても、第9編として規定が置かれていた。

2　法改正の目的

　　家庭事件・非訟事件手続法による改正はかなり大規模なものであったわけであるが、このような改正の目的として、政府草案の理由書は以下の諸点を挙げている[3]。

a)　FGGの不備な（隙のある）(lückenhaft)　規定をまとまりのある（zusammenhängend）手続法典へと拡充すること。

　　その際、判例・学説の知見を考慮し、従来の手続の長所、とりわけその柔軟性（Elastizität）を維持すべし、とされている。

b)　法治国家にふさわしい手続の形を整えること（Rechtsstaatliche Ausgestaltung des Verfahrens）。

　　この点については、憲法に基礎づけられ、判例によって形成された手続関係人のための保障に明文の規律を与えるべし、とされている。

c)　他の手続法典との調和

　　この点については、見通しのよさと法的安定性のため、他の手続法典との不必要な違いは避けるべし、とされている。

d)　ユーザーフレンドリー（Anwenderfreundlich）な法律の構成と用語

　　この点については、手続関係人の実際のニーズに沿うべきであるとともに、法律の内容、構成及び用語において関心を持った素人にもわかりやすくあるべしとされ、事実関係解明のための裁判所の特別な責任、手続の対象のしばしば最も個人的な性格、関係者にとっての手続の重大な意義に対応しなければならない、とされている。

e)　家庭裁判所の手続において紛争予防・紛争解決の要素を強化すること。

　　この点については、対象が財産関係である場合も含めて家庭裁判所の手続における感情的な紛争が特徴として指摘され、より具体的には以下の諸点が挙げられている。

　　・裁判所内外における離婚附帯事件の紛争調整を促進すること。

---

[3]　BT-Drucks. 16/6308 S. 164.

・交流・配慮権についての手続を迅速化すること。

・手続保護人（改正法では、手続補佐人）の役割を明確化することによって子の関与・協力権を強化すること。

・交流権についての裁判及び裁判所で認可された和解並びに子の引渡しの裁判を実効性をもって貫徹すること。

・本案から独立した仮の権利保護を導入すること。

・とりわけ別居及び離婚に関連するすべての事件のための「大家庭裁判所」の管轄権を設けること。

　このような家庭事件・非訟事件手続法による法改正については、2016年から2017年にかけて包括的な外部評価が行われ、法改正の目的はおおむね達成され、成功したものと評価されているとのことである[4]。

　なお、家庭事件・非訟事件手続法は制定後もしばしば改正されており、以下でも若干言及するが、はしがきにもある通り、本資料は2023年1月1日時点の法文に基づくものである。

3　家庭事件・非訟事件手続法の構造

　家庭事件・非訟事件手続法は9編からなる。

　第1編は総則であり、第2編以下の事件のみならず、連邦法が裁判所の管轄とした非訟事件（例えば、意思表示の公示送達についての許可事件〔BGB第132条第2項第2文〕）の全てにも原則的に適用される（第1条参照）。

　総則規定の多くは、新しいものというよりは、FGGないし判例・学説上発展した原則に沿うものであるとされている。

　第2編から第8編までは各則である。

　第2編は家庭事件（Familiensachen）に関するものである。12章からなり、従前FGGとZPOに分かれていた各種の家庭事件を包括するものになっている。これらの事件は家庭裁判所が管轄している。

---

[4]　Vgl. Prütting, a.a.O. Einl. Rn.15, 33.

第２編第１章は家庭事件の総則規定であり、第113条第１項では、婚姻事件（第121条参照）と家庭争訟事件（第112条参照）について、家庭事件・非訟事件手続法の総則規定の多くの適用を排除し、ZPOの規定の多くを準用することが定められている。

　第２編第２章以降は、家庭事件の各類型に関するものであり、婚姻事件と離婚事件及び附帯事件（第２章）、親子関係事件（第３章）、実親子関係事件（第４章）、養子事件（第５章）、婚姻住居事件及び家財事件（第６章）、暴力保護事件（第７章）、年金調整事件（第８章）、扶養事件（第９章）、婚姻財産制事件（第10章）、その他の家庭事件（第11章）、及び生活パートナーシップ事件（第12章）について規定している。

　第３編は、世話事件（第１章）、収容事件（第２章）、及び世話裁判所の割当事件（第３章）について規定している。これらの事件は、従前の後見裁判所（Vormundschaftsgericht）に代わって設けられた世話裁判所（Betreuungsgericht）が管轄している。

　第４編は遺産事件及び分割事件、第５編は登記事件及び企業法事件、第６編はその他の非訟事件、第７編は自由剥奪事件、第８編は公示催告事件について規定している。

　最後の第９編は、「終末規定（Schlussbestimmungen）」であり、州の立法権限や経過措置について規定している。

　本資料では、総則である第１編のほか、各則のうち親族法・相続法に関連する第２編ないし第４編及び第７編をとりあげている[5]。

　なお、裁判所の事物管轄については、家庭事件・非訟事件手続法内ではなく、裁判所構成法（Gerichtsverfassungsgesetz〔略称は、GVG〕）に規定さ

---

[5]　本資料は、法制審議会非訟事件手続法・家事審判法部会に、監修者・翻訳者である垣内＝高田＝畑が「東京大学・非訟事件手続法研究会」として提出した「『家庭事件及び非訟事件の手続に関する法律』仮訳」（https://www.moj.go.jp/content/000012230.pdf）（政府草案理由書等の要点を含む）と、青木＝浦野＝八田が提出した「『家庭事件及び非訟事件の手続に関する法律』（第２編、第３編、第４編及び第７編）」（https://www.moj.go.jp/content/000012248.pdf）を基礎としつつ、その後の法改正の反映や訳語の再検討を行ったものである。

れている（同法第23a条等）。

4 家庭事件・非訟事件手続法の特徴

⑴ 統一的な法典

既に述べてきたように、家庭事件・非訟事件手続法は、わかりやすさの観点から、FGGやZPO等の法令に分散してきた非訟事件や家庭事件を一つにまとめるものになっている。

⑵ 「大家庭裁判所」とその手続

とりわけ家庭事件については、裁判所の面でも、全てを家庭裁判所が管轄することになり、「大家庭裁判所」が実現したとされる。

もっとも、家庭事件の中で、婚姻事件（第121条参照）と家庭争訟事件（112条参照）については、前述の通り家庭事件・非訟事件手続法の総則規定の多くの適用を排除し、民事訴訟法の規定の多くを準用することが定められており（第113条第1項）、家庭事件について統一的な手続が設けられたわけではない。

⑶ 統一的な用語

ユーザーフレンドリーな法律用語の観点から、全ての手続について、当事者ではなく関係人、訴えではなく申立てといった形で統一的な用語が用いられている。

⑷ 関係人概念

手続関係人に関する規律は、家庭事件・非訟事件手続法による改正の重点の一つとされている。

関係人概念に関する規定は初めて整備されたものであり、総則の規定（第7条）では、まず、申立てにより開始される手続において申立人が法律上当然に関係人となる（法律上当然の関係人〔Beteiligte kraft Gesetzes〕）とされる（同条第1項）ほか、参加が必要的な関係人（必要的関係人〔Muss‐Beteiligte〕）として、「手続によりその者の権利が直接影響を受ける者」が一般的に挙げられる（同条第2項第1号）とともに、

各則的な規定によって「職権で、又は申立てにより参加させることが必要な者」が挙げられている（同項第2号）。この意味での各則的な規定としては、例えば、親子関係事件について、少年局が、民法典第1666条及び第1666a条による手続においては職権で参加させられ（関係人とされ）、他の手続においてはその申立てによって参加が認められる（関係人となる）ことが規定されている（第162条第2項）。さらに、各則的な規定によって、その他の者について、職権又は申立てによる参加が認められ得る（関係人となり得る）場合がある（任意的関係人〔Kann‐Beteiligte〕）ことが明らかにされている（同条第3項）。この意味での各則的な規定としては、例えば、親子関係事件について、子の身上に関する手続において一定の場合に養育者を職権で関係人として参加させることができることが規定されている（第161条第1項）。

そして、申立てによって関係人として手続に参加させなければならない者又は参加させられることができる者に対しては、参加の機会を保障するために、裁判所に知られている場合には、裁判所から手続の開始について通知をし、申立権について教示することとされている（第7条第4項）。

また、関係人については、事実関係の解明と法的審尋の保障等のためにさまざまな規律が設けられている（後述(5)参照）。

(5) 職権探知主義と関係人の地位

審理原則としては、FGGと同様に原則として職権探知主義がとられており（第26条）、法的観点指摘義務を含む裁判所の解明義務（釈明義務）についても規定が置かれている（第28条）。

他方、関係人の協力義務についても規定が置かれており（第27条第1項）[6]、裁判所が関係人に協力を強制し得る場合は限られている（本人出頭に関する第33条第3項等）が、関係人が協力を拒むことは、裁判所の事実調査ないし探知義務の範囲に影響し得る、と解されている。

---

[6] 第27条第2項は、ZPO第138条第1項と同様の真実義務・完全義務の規定である。

また、事実関係の解明と法的審尋の保障[7]等の観点から、関係人につい
て、記録の閲覧（第13条）、文書の告知（第15条）、決定の告知（第41条）、
本人の出頭（第33条）、本人の陳述聴取（第34条）、事実や証拠調べの結果
についての意見陳述の機会の保障（第30条第4項、第37条第2項）等に関
する規定が置かれている。

(6) **自由な証明と厳格な証明**

事実関係の解明に当たって、自由な証明（形式的な規律に拘束されない
証拠調べ）（第29条）と厳格な証明（民事訴訟法の定める方式による証拠
調べ）（第30条）のいずれを用いるかは、FGGと同様に、裁判所の義務に
従った裁量（pflichtgemäßem Ermessen）によって判断される（同条第1
項）が、FGGと異なって、裁判所が、ある事実を確定し、それを裁判の基
礎としようとしている場合において、関係人がその事実を争うことを明ら
かにしているとき（同条第3項）のほか、特則が定める場合（同条第2
項）は、民事訴訟法の定める方式による証拠調べをしなければならないと
される。民事訴訟法の定める方式による証拠調べを必要的とする特則は、
実親子関係事件（第177条第2項）、世話事件（第280条第1項）、収容事件
（第321条第1項）等に置かれている。

(7) **審理の方式**

家庭事件・非訟事件については、審理の非公開が原則とされ（GVG第
170条第1項第1文）、関係人の意思に反しない限りでの公開の余地が認め
られている（同項第2文）。

口頭主義も民事訴訟のようには妥当せず、期日における討論は裁判所の
裁量に委ねられている（第32条）。直接主義も、口頭の討論や厳格な証明
が行われた場合にのみ妥当することになる。

(8) **IT化**

手続のいわゆるIT化に関しては、立法当初から電子記録・電子文書に関

---

[7] 法的審問の保障を定める基本法第103条第1項は、非訟事件にも適用されると解されてい
る。Vgl. Prütting, a.a.O. Einl. Rn.65.

する規定が置かれていた（旧第14条）が、いくつかの法改正[8]によって、弁護士等に電子文書の使用を義務付ける、2026年1月1日以降は記録が電子化される等の規定が整備されている（第14条ないし第14b条）。

　なお、電子文書の送達については第15条第2項が引くZPO第173条によることになり、ビデオ会議を用いた期日については第32条第3項が準用するZPO第128a条によることになると考えられる。

(9)　子の身上に関する親子関係事件における手続補佐人

　子の身上に関する親子関係事件における手続補佐人の規定は、立法当初から置かれていた（旧第158条）が、近年の法改正[9]により、選任が必要的な場合が拡大されるとともに、手続補佐人の適格についての規定が設けられる等の手当てがされている（第158条ないし第158c条）。

(10)　交流事件・配慮事件の迅速化

　交流事件・配慮事件の迅速化も重点の一つであり、手続開始から1か月以内に討論の期日を開くこと（第155条第2項第2文）等が定められており、また、「コッヘム・モデル」と呼ばれる一部の実務慣行にならって、最初の期日で両親の合意を促す（第156条）ことが想定されている。

　さらに、2016年の法改正[10]によって、手続の迅速化を求める異議（第155b条）と抗告（第155c条）の制度が設けられている。

---

[8]　E.G. Gesetz zur Förderung des elektronischen Rechtsverkehrs mit den Gerichten (FördElRV) vom 10. Oktober 2013 (BGBl. I S. 3786); Gesetz zur Einführung der elektronischen Akte in der Justiz und zur weiteren Förderung des elektronischen Rechtsverkehrs (EAkteJEG) vom 5. Juli 2017 (BGBl. I S. 2208).

[9]　Gesetz zur Bekämpfung sexualisierter Gewalt gegen Kinder (StGBuaÄndG 2021) vom 16. Juni 2021 (BGBl. I S. 1810).

[10]　Gesetz zur Änderung des Sachverständigenrechts und zur weiteren Änderung des Gesetzes über das Verfahren in Familiensachen und in den Angelegenheiten der freiwilligen Gerichtsbarkeit sowie zur Änderung des Sozialgerichtsgesetzes, der Verwaltungsgerichtsordnung, der Finanzgerichtsordnung und des Gerichtskostengesetzes (SachVRÄndG) vom 11. Oktober 2016 (BGBl. I S. 2222).

⑾ **和解・調停等**

　和解・調停等に関しては、実体法上、関係人が手続の対象を処分できる場合は、原則として和解をすることができることが、一般的に明らかにされている（第36条）が、交流及び子の引渡事件については、裁判所の承認を要する等の特則が置かれている（第136条）。

　また、2012年の法改正[11]によって、和解判事による和解の試みの規定（第36条第5項）や調停及び他の裁判外紛争解決手続の促進の規定（第36a条）を新設する等の手当てがされている。

⑿ **終局裁判**

　終局裁判の方式は、決定に統一されており（第38条）、民事訴訟法の規定が大幅に準用されている婚姻事件・家庭争訟事件についても同様である。

　決定の効力は、原則として、名宛人とされている関係人に対する告知によって生じる（第40条）。

　なお、決定には、不服申立てについての教示[12]を記載することとされている（第39条）。

⒀ **仮の権利保護**

　仮の権利保護に関しても新たに詳細な規定が置かれ（第49条以下）、とりわけ旧法と異なるのは、本案の係属が要件とならないことである（「独立の仮処分命令〔selbständige einstweilige Anordnung〕」と称される。）。簡易迅速な手続を可能にするとともに、民事訴訟法との調和を図るものとされる。

---

[11] Gesetz zur Förderung der Mediation und anderer Verfahren der außergerichtlichen Konfliktbeilegung (MediationsGEG) vom 21. Juli 2012 (BGBl. I S. 1577).

[12] 法的救済に関する教示については、2012年の法改正で規定の整備が行われている。Gesetz zur Einführung einer Rechtsbehelfsbelehrung im Zivilprozess und zur Änderung anderer Vorschriften (RechtsBehEG) vom 5. Dezember 2012 (BGBl. I S. 2418).

⑭　**上訴**

　上訴についても、従来民事訴訟法の適用を受けていた事件も対象となること等を踏まえて、大きな改正がされた。

　第一審の終局裁判に対する上訴としては、原則として、従来の期間制限のない通常抗告は廃止されて、期間制限のある抗告に統一され（第58条）、抗告期間は民事訴訟における控訴と同じく1か月とされた（第63条第1項）。財産権上の事件において抗告可能な価額（600ユーロ）やそれ以下の価額の場合に第一審が抗告を許可する要件（法律問題の基本的な意義等）（第61条）も民事訴訟における控訴と同様である。

　抗告が提起された場合、家庭事件を除き、第一審裁判所はいわゆる再度の考案が可能である（第68条第1項）。

　終局裁判に対する抗告において抗告裁判所となるのは、原則として州上級裁判所である。

　抗告審の裁判に対しては、原則として、法律問題が基本的な意義を有する場合等に許可される連邦通常裁判所への法律抗告（第70条以下）のみが可能である。

　他方、付随的な決定や中間的な決定に対して独立の不服申立てが認められる場合については、民事訴訟法（第567条ないし第572条）が準用される即時抗告によることが個別的に明文で定められており（例えば、第6条第2項）、抗告期間は2週間となる。

⑮　**裁判の変更・再審等**

　FGGでは、通常抗告に服する裁判について広く裁判の変更可能性が認められていたが、上訴が期間制限のある抗告に統一されたことに伴って、裁判の変更は、事後的な事情変更の場合に限られることとされた（第48条第1項）。なお、各則において裁判の変更に関する特則が設けられている場合（第166条等）は、その特則が適用されることになる。

　また、従来明文規定を欠いていた再審について、民事訴訟法を準用する規定が設けられた（同条第2項）。

なお、（2004年の法改正以降の）FGGと同様に、終局裁判に対する上訴等による変更の可能性がなく、かつ、裁判所による法的審尋請求権の侵害があり、これが裁判に影響を及ぼすものであるときは、侵害を受けた関係人は異議により手続の続行を求めることができるものとされている（第44条）。

⒃　その他

強制執行に関しても規定が整備され（第86条以下）、人身の引渡し及び交流に関して、新たに秩序金・秩序拘禁を可能にする（第89条）等して、実効性を高めることが図られている。

また、渉外関係についても規定が整備されている（第97条以下）。

5　日本法との関係

以上に見たように、ドイツ家庭事件・非訟事件手続法は、家庭事件・非訟事件を統合する法典であり、従来訴訟事件であった婚姻事件等も取り込んでいること、しかし、単に訴訟事件を非訟事件化したわけではなく、大幅に民事訴訟法の規定を準用していること、必要的な関係人の範囲がかなり広くとられているように見えること、厳格な証明によるべき場合を法定したこと等、日本法から見て興味深い点を多く含んでいる。

日本の（旧）非訟事件手続法は、FGGの草案を参照して立案されたものであった[13]が、現行非訟事件手続法・家事事件手続法の立案準備作業においても、現にドイツ家庭事件・非訟事件手続法が参照されている[14]。

もちろん、憲法・裁判制度・実体法等の違いがあるため、単純な比較や参照はできないものの、ドイツ法における立法・判例・学説の動向を引き続き検討する価値は十分にあると考えられる。本資料がその一助となれば、監修者・翻訳者一同としては幸いである。

---

[13] 伊東乾＝三井哲夫編『注解非訟事件手続法〔改訂〕』（青林書院、 1995年）105頁〔栗田陸雄〕参照。

[14] 注5）参照。

［翻訳］
ドイツ家庭事件及び非訟事件の
手続に関する法律

ドイツ家庭事件及び非訟事件の手続に関する法律

第1編　総則

第1章　総則規定
第1条　適用範囲
　この法律は、家庭事件及び連邦法が裁判所の管轄とした非訟事件の手続について適用される。
第2条　土地管轄
⑴　複数の裁判所が土地管轄権を有するときは、最初に事件に関わることになった裁判所が管轄権を有する。

⑵　裁判所の土地管轄権は、管轄権を基礎づける事情の変更があっても維持される。

⑶　裁判所の措置は、土地管轄権がないことによりその効力を妨げられない。
第3条　管轄違いの場合の移送
⑴　手続が開始された裁判所は、土地管轄権又は事物管轄権を有さない場合において、管轄裁判所を特定することができるときは、決定で、管轄権を有さないことを宣言して、事件を管轄裁判所に移送しなければならない。移送するには、あらかじめ関係人の陳述を聴取しなければならない。

⑵　複数の裁判所が管轄権を有する場合においては、移送は、申立人が選択した裁判所に対してする。申立人が選択をせず、又は手続が職権により開始された場合には、手続が開始された裁判所の指定する裁判所に、事件を移送しなければならない。

⑶　決定に対しては、不服を申し立てることができない。決定は、管轄権を有するとされた裁判所を拘束する。

⑷　手続が開始された裁判所における手続において生じた費用は、移送先の裁判所で生じた裁判費用の一部として扱われる。

第4条　他の裁判所への移送

　裁判所は、重大な事由が存在する場合には、事件を他の裁判所に移送することができる。ただし、移送を受ける裁判所が、事件を引き受けることをあらかじめ明らかにしている場合に限る。移送するには、あらかじめ関係人の陳述を聴取するものとする。

第5条　裁判所による管轄の指定

(1)　次に掲げる場合においては、管轄裁判所は、共通する直近上級裁判所が定める。

　　1．管轄権を有する裁判所が当該事件について、裁判権の行使が法律上又は事実上妨げられているとき（裁判権を行使することができないとき。）。

　　2．複数の裁判所管轄区域の境界を顧慮したとき、あるいはその他の事実上の理由により、いかなる裁判所がその手続について管轄権を有するか明らかではないとき。

　　3．複数の裁判所が自ら管轄権を有すると確定力をもって宣言したとき。

　　4．複数の裁判所（のいずれも）が手続について管轄権を有しないと確定力をもって宣言した場合において、そのうちの一つが管轄権を有するとき。

　　5．第4条に定める重大な事由により移送されるべき場合において、裁判所間で合意が成立しないとき。

(2)　共通する直近上級裁判所が連邦通常裁判所の場合は、管轄裁判所は、最初にその事件に関わることになった裁判所がその管轄区域に属する上級地方裁判所が定める。

(3)　管轄裁判所を指定する決定に対しては、不服を申し立てることができない。

第6条　裁判所職員の除斥・忌避

(1)　民事訴訟法第41条から第49条までの規定は、裁判所職員の除斥及び忌避について準用する。先行する行政手続に関与した者もまた除斥される。

(2)　忌避の申立てを却下した決定に対しては、民事訴訟法第567条から第572条までの規定の準用により、即時抗告をすることができる。

第7条　関係人

⑴　申立てにより開始される手続においては、申立人は、関係人となる。

⑵　次に掲げる者は、関係人として参加させられなければならない。

　１．手続によりその者の権利が直接影響を受ける者

　２．この法律又は他の法律に従い、職権で、又は申立てにより参加させることが必要な者

⑶　裁判所は、この法律又は他の法律に定めるときは、職権で、又は申立てにより、前項に掲げる者以外の者を関係人として参加させることができる。

⑷　その申立てにより関係人として手続に参加させなければならない者又は参加させられることができる者は、その者が裁判所により知られている場合には、手続の開始について通知を受けなければならない。これらの者は、申立権について、教示を受けなければならない。

⑸　裁判所は、第２項又は第３項による参加の申立てを認めない場合には、決定で、裁判しなければならない。この決定に対しては、民事訴訟法第567条から第572条までの規定の準用により、即時抗告をすることができる。

⑹　第２項又は第３項に掲げる者以外の者は、陳述を聴取されるべき者又は情報を提供すべき者であっても、関係人となることはない。

第8条　関係人能力

次に掲げる者は、関係人能力を有する。

　１．自然人及び法人

　２．社団、人的団体及び組織。ただし、その者に権利が帰属し得る場合に限る。

　３．官庁

第9条　手続能力

⑴　次に掲げる者は、手続能力を有する。

　１．民法典により行為能力を有する者

　２．民法典により行為能力を制限されている者。ただし、手続の目的（対象）について民法典により行為能力を認められている場合に限る。

3．民法典により行為能力を制限されている者。ただし、その者が14歳に達
　　　しており、その者自身に関わる手続において、民法典によればその者に帰
　　　属する権利を主張する場合に限る。
　　4．この法律又は他の法律において、手続能力があると定められている者
⑵　行為無能力者又は制限行為能力者が手続能力を有しない場合には、民法典
　　により権限を付与された者がその者に代わって行為をする。
⑶　社団及び官庁のためには、その法定代理人及び理事が行為をする。
⑷　法定代理人の過失は、関係人の過失と同視される。
⑸　民事訴訟法第53条から第58条までの規定は、これを準用する。

第10条　手続代理人

⑴　関係人は、弁護士代理を必要とする定めがない限り、自ら手続を追行する
　　ことができる。
⑵　関係人は、弁護士を代理人とすることができる。弁護士代理を必要とする
　　定めがないときは、弁護士のほか、次に掲げる者に限り、代理人とすること
　　ができる。
　　1．関係人又は関係人と結合企業関係にある者（株式法第15条）の従業員。
　　　官庁、公法上の法人及び公の役務を遂行するために設置されたこれらの者
　　　の連合体は、他の官庁、公法上の法人及び公の役務を遂行するために設置
　　　されたこれらの者の連合体の職員を代理人とすることができる。
　　2．成年に達した家族構成員（公課法第15条、生活パートナーシップ法第11
　　　条）、裁判官職に就く資格を有する者、及び、代理が有償での活動に関し
　　　ないものであるときは、他の関係人
　　3．公証人
⑶　裁判所は、決定で、第2項の定めにより代理人資格を有しない代理人を排
　　除する。この決定に対しては、不服申立てができない。代理人資格を有しな
　　い代理人が排除決定までにした手続行為及びこの代理人に対してされた送達
　　又は通知は、その効力を失わない。裁判所は、第2項第2文第1号及び第2
　　号に定める代理人が、事実関係及び紛争関係を適切に陳述できない場合に

は、以後代理をすることを禁じることができる。この決定に対しては、不服申立てができない。

(4)　連邦通常裁判所においては、関係人は、裁判所職員の除斥及び忌避並びに手続費用救助の手続を除き、連邦通常裁判所において許可された弁護士を代理人としなければならない。官庁、公法上の法人及び公の役務を遂行するために設置されたこれらの者の連合体は、他の官庁、公法上の法人及び公の役務を遂行するために設置されたこれらの者の連合体の裁判官職に就く資格を有する職員を代理人とすることができる。民事訴訟法第78b条及び第78c条の規定は、弁護士の付添いについて準用する。

(5)　裁判官は、その所属する裁判所においては、代理人となることができない。

第11条　手続代理権

代理権〔委任状〕は、書面により、裁判所の記録に添付されなければならない。この書面は、後から提出することもできる。その場合において、裁判所は、提出のための期間を定めることができる。代理権の欠缺は、手続の段階を問わず、主張することができる。裁判所は、弁護士又は公証人が代理人となっていないときは、代理権の欠缺につき職権で顧慮しなければならない。以上のほか、民事訴訟法第81条から第87条まで及び第89条の規定は、〔手続代理人について〕準用する。

第12条　補佐人

関係人は、補佐人とともに期日に出頭することができる。関係人が自ら追行することのできる手続において手続代理人となる資格を有する者は、補佐人となることができる。裁判所は、その事件において補佐人を必要とする事情があり、かつ、相当と認めるときは、その他の者を補佐人とすることを許可することができる。第10条第3項第1文及び第5項の規定は、〔補佐人について〕準用する。補佐人の陳述は、関係人が直ちに取り消し、又は更正しないときは、関係人のした陳述とみなす。

第13条　記録の閲覧

⑴　関係人は、関係人又は第三者の重大な利益に反する場合を除き、裁判所の記録を〔裁判所〕事務課で閲覧することができる。

⑵　関係人でない者による閲覧は、その者が正当な利益があることを疎明し、かつ、関係人又は第三者の保護に値する利益を害することがないときに限り、許される。民法典第1758条〔開示及び探知の禁止〕の場合においては、閲覧は禁止される。

⑶　記録の閲覧が保障される場合においては、閲覧権を有する者は、自己の費用で、事務課に、正本、抄本及び謄本の交付を求めることができる。謄本には、申立てにより、認証をしなければならない。

⑷　裁判所は、弁護士、公証人、関係人たる官庁に、記録をその者の職務室又は事務室において自由に閲覧することを許すことができる。証拠部分を職務室又は事務室において自由に閲覧することを求める権利は存しない。第1文による裁判に対しては、不服を申し立てることができない。

⑸　民事訴訟法第299条第3項の規定は、裁判所の記録が電子的方式によって作成された場合について準用する。

⑹　決定及び処分の草案、それらの準備のために供された成果物並びに評決に関する書類は、提出され、又は写しを授受されてはならない。

⑺　記録の閲覧に関する裁判は、裁判所がする。ただし、合議体で取り扱う事件においては、裁判長が裁判する。

第14条　電子記録、電子文書

⑴　裁判所の記録は、電子的方式によって作成することができる。民事訴訟法第298a条第2項の規定は、これを準用する。

⑵　関係人の申立て及び陳述並びに書面で提出されるべき第三者の情報、供述、鑑定、翻訳及び陳述は、電子文書を用いてすることができる。民事訴訟法第130a条、これに基づいて発される法規命令及び民事訴訟法第298条の規定は、電子文書について準用する。

⑶　民事訴訟法第130b条及び第298条の規定は、裁判所の電子文書について準

用する。

(4) 連邦政府及び州政府は、その領域内において、法規命令により、電子記録の作成を開始する時期を定める。連邦政府及び州政府は、その領域内において、法規命令により、電子記録の作成、記入及び保管のための組織上及び技術上の大綱を定める。州政府は、法規命令により、当該事項を所轄する州の最上級部局にこの権限を委譲することができる。〔州政府は、〕個別の裁判所又は手続に限って、電子記録によることを認めることができる。この可能性が用いられた場合、法規命令により、どの手続において記録が電子的に記入されるべきかが、公布されるべき行政規則によって規定されることを定めることができる。第151条第4号及び第271条による手続において紙文書の形式で作成された記録は、法規命令で定められた時点から電子文書の形式で記入を続けることができる。

(4a) 裁判所の記録は、2026年1月1日から電子的に記入される。連邦政府及び州政府は、その領域内において、法規命令により、電子記録の作成、記入及び保管のための組織上及び技術水準に応じた技術上の大綱並びに遵守されるべきバリアフリーの要請をそれぞれ定める。連邦政府及び州政府は、その領域内において、法規命令により、紙文書の形式で作成された記録が紙文書の形式又は第151条4号及び第271条による手続においては、定められた施行日から電子文書の形式で記入を続けることを、それぞれ定めることができる。州政府は、法規命令により、民事裁判権を所轄する州の最上級部局に、第2項及び第3項による権限を委譲することができる。連邦政府の法規命令は、連邦参議院の同意を要しない。

(5) 裁判所の記録が、原本に代わる画像その他の情報媒体に法規命令に定める方式に従って転記され、当該媒体からの出力と原本との一致を証する書面がある場合には、その写し、抄本及び謄本は、当該画像その他の情報媒体から作成することができる。この場合には、原本に対して付すべき注記は、原本との一致を証する書面に記載する。

第14a条　書式、命令への委任

　連邦司法・消費者保護省は、連邦参議院の同意を得て、法規命令により、電子文書の書式を採用することができる。法規命令は、書式に含まれる記載が、全部又は部分的に、構造化された機械的な読取りが可能な形式で伝達されるべきことを定めることができる。書式は、法規命令において定められるべきインターネット上のコミュニケーション・プラットフォームによって、提供されなければならない。法規命令は、民事訴訟法第130a条第3項にかかわらず、書式使用者の同定が、身分証明法第18条、電子身分証明カード法第12条又は滞在法第78条第5項による電子的身分証明の使用によってもなされ得ることを、定めることができる。

第14b条　弁護士、公証人及び官庁の使用義務

(1)　裁判所に書面で提出されるべき申立て及び陳述は、弁護士、公証人、官庁又は公法上の法人及び公の役務を遂行するために設置されたその連合体によって、電子文書として伝達されなければならない。これが技術的な理由により一時的に不可能である場合は、一般規定による伝達をすることができる。一時的に不可能であることは、代替的な提出とともに又は遅滞なく、疎明されなければならない。電子文書は、求めに応じて追完されなければならない。

(2)　弁護士、公証人、官庁又は公法上の法人及び公の役務を遂行するために設置されたこれらの者の連合体によって提出されるその他の申立て及び陳述は、電子文書として伝達するものとする。一般規定によって伝達された場合は、求めに応じて電子文書が追完されなければならない。

第15条　告知及び法定の方式によらないでする通知

(1)　期日若しくは期間を記載し、又は期間の進行を開始させる文書は、関係人に、告知されなければならない。

(2)　告知は、民事訴訟法第166条から第195条までの定めるところによる送達又は告知を受けるべき者の住所に宛てて書面を郵便に付して発送する方法によってすることができる。告知が国内でされるべき場合においては、書面

は、発送の時から3日間を経過した時に告知されたものとみなす。ただし、書面が到達せず、又は遅れて到達したことを関係人が疎明したときは、この限りでない。

(3) 告知が要求されていない場合には、文書は、関係人に〔前2項に定める〕方式によることなく伝達することができる。

第16条　期間

(1) 期間は、特別の定めがない限り、告知の時から進行を始める。

(2) 民事訴訟法第222条、第224条第2項及び第3項並びに第225条の規定は、期間について準用する。

第17条　原状回復

(1) その過失なくして法定期間を遵守することができなかった者は、その申立てに基づき、原状への回復が認められる。

(2) 不服申立てについての教示がされず、又は不完全であった場合には、過失がないことが推定される。

第18条　原状回復の申立て

(1) 原状回復の申立ては、障害事由が消滅した後2週間以内に限りすることができる。関係人が法律抗告を理由づける期間を遵守することを妨げられた場合は、期間は1月となる。

(2) 原状回復の申立ての形式は、することを怠った法的行為に適用される規定によって定まる。

(3) 申立てを理由づける事実は、申立て提出に際して、又は申立てについての手続において疎明しなければならない。することを怠った法的行為は、原状回復の申立て期間経過前に追完しなければならない。この要件を満たす場合には、原状回復は、申立てがなくても認められる。

(4) 遵守することができなかった期間の満了から1年を経過した場合には、原状回復を申し立てること、又は申立てなくして認めることはできない。

第19条　原状回復についての裁判

(1) 原状回復については、怠った法的行為について判断する裁判所が裁判す

る。

(2) 原状回復を認める裁判に対しては、不服を申し立てることができない。

(3) 原状回復を認めない裁判に対しては、怠った法的行為に適用される規定に従い、不服を申し立てることができる。

第20条 手続の併合及び分離

裁判所は、相当と認める場合には、手続を併合し、又は分離することができる。

第21条 手続の中止

(1) 裁判所は、重大な事由がある場合、とりわけ裁判の全部又は一部が他に係属している手続の目的となっている法律関係又は行政機関により確定されるべき法律関係の存在又は不存在に係る場合には、手続を停止することができる。民事訴訟法第249条の規定は、これを準用する。

(2) 前項の決定に対しては、民事訴訟法第567条から第572条までの規定の準用により、即時抗告をすることができる。

第22条 申立ての取下げ及び終了宣言

(1) 申立ては、終局裁判が確定するまで、取り下げることができる。取下げは、終局裁判がされた後は、他の関係人の同意を要する。

(2) 既にされた、いまだ確定していない終局裁判は、明示的に取り消されるまでもなく、取下げによってその効力を失う。申立てがある場合には、裁判所は、このことを決定で確定する。この決定に対しては、不服を申し立てることができない。

(3) 申立てに基づく裁判は、全ての関係人が〔裁判をすることなく〕手続を終結させることを望むことを明らかにする場合には、してはならない。

(4) 第2項及び第3項の規定は、職権で開始することのできる手続には、適用しない。

第22a条 家庭裁判所及び世話裁判所への通知

(1) 裁判所は、裁判手続によって家庭裁判所又は世話裁判所の行為が必要となった場合は、家庭裁判所又は世話裁判所に通知しなければならない。

(2)　前項に規定する場合のほか、裁判所及び官庁は、それを知ることが家庭裁判所又は世話裁判所がする措置に必要であると考える場合は、家庭裁判所又は世話裁判所に個人情報を伝達することができる。ただし、伝達を行わないことについての保護に値する関係者の利益が、未成年者及び被世話人の要保護性又は伝達についての公益を上回ると、伝達をする官署が認める場合を除く。特別の連邦又は対応する州法の使用に関する法規がこれを禁止する場合は、伝達は行われてはならない。

第2章　第一審の手続

第23条　手続開始の申立て

(1)　手続開始の申立ては、理由を明らかにしてするものとする。申立てには、理由を基礎づける事実及び証拠方法を掲げ、並びに関係人として考えられる者を明らかにするものとする。申立ては、相当な場合には、調停又は他の裁判外紛争解決手続の試みが申立てに先行しているかの摘示、並びに、そのような手続が理由があって妨げられたかについての表明を含むものとする。〔理由中で〕引用した文書は、その原本又は写しを添付するものとする。申立てには、申立人又はその手続代理人が署名するものとする。

(2)　裁判所は、他の関係人に対して申立てを送付するものとする。

第24条　手続〔開始〕の申請

(1)　職権で手続を開始することができる場合においては、手続開始の申請をすることができる。

(2)　前項の申請に応じ〔て手続を開始し〕ない場合には、裁判所は、手続開始を申請した者に対し、その旨を通知しなければならない。ただし、通知を受けることについて正当な利益を有することが明らかであるときに限る。

第25条　裁判所事務課における調書記載による申立て及び陳述

(1)　関係人は、書面又は裁判所事務課における調書への記載により、管轄裁判所に対する申立て及び陳述をなすことができる。ただし、弁護士による代理が必要とされない場合に限る。

(2)　裁判所事務課の文書作成官の面前においてすることができる申立て及び陳述は、いかなる区裁判所の事務課においても調書への記載によってすることができる。

(3)　〔調書を作成した〕裁判所の事務課は、申立て又は陳述を提出すべき裁判所に対して、調書を遅滞なく送付しなければならない。調書が到達するまでは、手続行為の効果は生じない。

第26条　職権探知

裁判所は、職権で、裁判の基礎とすべき事実を確定するために必要な調査をしなければならない。

第27条　関係人の協力

(1)　関係人は、事実の調査に協力するものとする。

(2)　関係人は、事実の陳述を、完全に、かつ、真実に従ってしなければならない。

第28条　手続指揮

(1)　裁判所は、関係人が適切な時期に裁判の基礎となる全ての事実について陳述し、不十分な事実の摘示を補充するように促さなければならない。裁判所は、法的観点につき関係人と異なる評価をし、その法的観点を裁判の基礎とする場合には、関係人に対してその法的観点を教示しなければならない。

(2)　申立てによって開始される手続においては、裁判所は、方式上の不備を是正し、事案に即した申立てがされるように努めなければならない。

(3)　裁判所は、前2項による釈明をできる限り早期に与えるとともに、その旨を記録しなければならない。

(4)　裁判所は、期日及び〔関係人〕本人の陳述聴取につき、記録を作成しなければならない。予期される記録の分量、事件の困難性その他重大な事由に基づいて必要である場合には、記録調書のために、裁判所事務課の文書作成官の立会いを求めることができる。記録には、期日及び本人の陳述聴取の経過の主要部分が記載されなければならない。第36条第5項による和解判事による和解の試みについては、全ての関係人が同意する旨を述べた場合のみ、記

録が作成される。記録の作成は、第14条第3項に定める方式により情報媒体に記録する方法によってすることができる。申立てには、理由を基礎づける事実及び証拠方法を掲げ、並びに関係人として考えられる者を明らかにしなければならない。

第29条　証拠調べ

(1)　裁判所は、必要な証拠調べを相当な方式により実施する。この場合において、裁判所は、関係人の主張に拘束されない。

(2)　公の職務上の秘密についての尋問及び証言拒絶権に関する民事訴訟法の規定は、情報提供を求められる者に対する質問について準用する。

(3)　裁判所は、証拠調べの結果を記録するものとする。

第30条　民事訴訟法の定める方式による証拠調べ

(1)　裁判所は、義務に従った裁量により、裁判の基礎となる事実を、民事訴訟法の規定に従った証拠調べによって確定するかどうかを判断する。

(2)　裁判所は、この法律に〔特別の〕規定がある場合においては、民事訴訟法の定める方式による証拠調べを実施するものとする。

(3)　裁判所は、ある事実を確定し、それを裁判の基礎としようとしている場合において、関係人がその事実を争うことを明らかにしているときは、その主張された事実が真実であるかどうかについて民事訴訟法の定める方式による証拠調べをしなければならない。

(4)　事実関係の解明のために、又は法的審尋の保障のために必要である場合には、民事訴訟法の定める方式による証拠調べの結果について、関係人に意見を陳述する機会を与えなければならない。

第31条　疎明

(1)　事実についての主張を疎明しなければならない者は、全ての証拠方法を用いることができる。宣誓に代わる保証もまたすることができる。

(2)　〔疎明においては、〕直ちにすることのできない証拠調べは、許されない。

第32条　期日

(1)　裁判所は、事件につき関係人と期日において討論することができる。民事

訴訟法第219条並びに第227条第1項、第2項及び第4項の規定は、これを準用する。

(2)　呼出しから期日までの間には十分な期間を置くものとする。

(3)　相当な場合には、裁判所は、民事訴訟法第128a条の準用による映像及び音声中継の方法で、関係人と事件につき討論するものとする。

第33条　関係人本人の出頭

(1)　裁判所は、事実関係の解明のために相当と認める場合には、関係人本人に期日への出頭を命じ、関係人の陳述を聴取することができる。一つの手続で複数の関係人本人の陳述を聴取すべき場合において、陳述を聴取すべき関係人の保護又は他の理由のために必要であるときは、関係人の陳述聴取は、他の関係人が立ち会わない場で行われなければならない。

(2)　手続能力を有する関係人は、手続代理人が選任されている場合においても、本人が呼び出されなければならない。手続代理人には、呼出しについて通知がされなければならない。裁判所は、関係人の出頭が確実でないときは、呼出状の送達を命じるものとする。

(3)　適式に呼び出された関係人が正当な理由なく期日に出頭しなかったときは、決定で、その者に秩序金を課すことができる。秩序金は、繰り返して課すことができる。関係人が正当な理由なく繰り返し出頭しなかったときは、その拘引を命じることができる。〔出頭しなかった〕後において関係人が十分に弁明し、理由説明が遅滞したことにつき過失がないことを疎明した場合には、第1文から第3文までの規定による処分は取り消される。秩序金を課す決定に対しては、民事訴訟法第567条から第572条までの規定の準用により、即時抗告をすることができる。

(4)　関係人には、不出頭の効果について、呼出状で教示しなければならない。

第34条　関係人本人の陳述聴取

(1)　裁判所は、次に掲げる場合においては、関係人本人の陳述を聴取しなければならない。

　1．関係人の法的審尋請求権を保障するために必要なとき。

2．この法律又は他の法律に定めがあるとき。

⑵　関係人本人の陳述聴取は、それにより、その者の健康に重大な被害が生じ
　るおそれがある場合、又は関係人がその意思を明らかにすることができる状
　態にないことが明白である場合には、しないことができる。

⑶　関係人が指定された陳述聴取の期日に正当な理由なく出頭しなかったとき
　は、本人の陳述聴取をしないで手続を終結させることができる。関係人に
　は、不出頭の効果について教示しなければならない。

第35条　強制的措置

⑴　一定の作為又は不作為義務を裁判所の命令に基づいて履行させるべき場合
　においては、裁判所は、法律に別段の定めがない限り、決定で、義務者に対
　して強制金を定めることができる。裁判所は、強制金を取り立てることがで
　きない場合には、強制拘禁を命ずることができる。裁判所は、強制金の決定
　が功を奏しないことが見込まれるときは、強制拘禁を命じるものとする。

⑵　一定の作為又は不作為義務を定める裁判には、その裁判に従わない場合の
　効果を教示しなければならない。

⑶　一回の強制金の金額は、25000ユーロを超えてはならない。強制金を定め
　る場合には、同時に、義務者に手続費用を負担させなければならない。民事
　訴訟法第802g条第1項第2文及び第2項、第802h条並びに第802j条第1項の
　規定は、拘禁の執行について準用する。

⑷　物の引渡し若しくは提出又は代替的作為の実施の義務の強制執行をすべき
　場合には、裁判所は、法律に別段の定めのない限り、第1項及び第2項に定
　める措置に加えて、又はこれらに代えて、決定で、民事訴訟法第883条、第
　886条及び第887条に定める措置を命ずることができる。同法第891条及び第
　892条の規定は、これを準用する。

⑸　強制的措置を命ずる決定に対しては、民事訴訟法第567条から第572条まで
　の規定の準用により、即時抗告をすることができる。

第36条　和解

⑴　関係人は、手続の対象が関係人の処分を許すものである場合に限り、和解

を締結することができる。裁判所は、暴力保護事件の場合を除き、関係人に合意の成立を促すものとする。

(2) 期日において合意が成立したときは、調書を作成しなければならない。和解の調書に関する民事訴訟法の規定は、これを準用する。

(3) 第1項第1文によってすることができる和解は、民事訴訟法第278条第6項の定めるところにより、書面で締結することもできる。

(4) 和解についての調書又は決定が誤っている場合には、民事訴訟法第164条の定めるところにより、更正することができる。

(5) 裁判所は、関係人に、そのために定められ、裁判をする権限を有しない裁判官（和解判事）の前での和解の試みを指示することができる。和解判事は、調停を含む紛争解決の全ての方法を行うことができる。前4項の規定は、和解判事の前での手続について準用する。

第36a条　調停、裁判外紛争解決

(1) 裁判所は、個々の又は全ての関係人に、調停又は他の裁判外紛争解決手続を提案することができる。暴力保護事件においては、暴力を受けた者の保護に値する利害を保護しなければならない。

(2) 関係人が調停又は他の裁判外紛争解決手続を行うことを決めたときは、裁判所は手続を停止する。

(3) 裁判所の命令及び許可の留保は、調停又は他の裁判外紛争解決手続の実施に妨げられない。

第37条　裁判の基礎

(1) 裁判所は、手続の全趣旨から得られた自由な心証に基づいて、裁判する。

(2) 裁判所は、関係人の権利を害する裁判をするには、その裁判の基礎となる事実及び証拠調べの結果について、あらかじめその者の意見を聴かなければならない。

第3章　決定

第38条　決定による裁判

(1)　裁判所は、その裁判により手続の対象の全部又は一部を終結させる裁判（終局裁判）をする場合には、決定で、裁判をする。登記関係事件については、法律で別段の定めをおくことができる。

(2)　決定には、次に掲げる事項を含まなければならない。

　1．関係人、その法定代理人及び手続代理人の表示

　2．裁判所の表示及び裁判に関与した裁判所構成員の氏名

　3．決定主文

(3)　決定には、理由を付さなければならない。決定には、署名をしなければならない。決定には、裁判所事務課に交付をした又は決定主文の読み上げによる告知をした（決定がされた）日付を、記載しなければならない。

(4)　次に掲げる場合には、理由を付することを要しない。

　1．裁判が認諾、放棄に基づく場合又は欠席裁判による場合であって、その旨が裁判に記載されているとき。

　2．関係人の申し立てた内容と同一の裁判をするとき、又は決定が関係人が明らかにした意思に反しないとき。

　3．決定が全ての関係人の面前で口頭で告知され、かつ、全ての関係人が上訴権を放棄したとき。

(5)　次に掲げる場合には、前項の規定を適用しない。

　1．婚姻事件。ただし、離婚を命ずる裁判はこの限りでない。

　2．実親子関係事件

　3．世話関係事件

　4．決定が外国で援用されることが予測されるとき。

(6)　欠席裁判又は認諾裁判の補完に関する規定は、理由を記載せずに作成された決定を外国で援用すべき場合について準用する。

第39条　不服申立ての教示

　全ての決定には、することのできる上訴、故障申立て又は異議、それらの不

服申立てを提起すべき裁判所及びその所在地、並びに遵守すべき方式及び期間についての教示を記載しなければならない。飛越法律抗告については、教示することを要しない。

第40条　〔決定の〕効力の発生

(1)　決定は、その主要な内容に照らし名宛人とされている関係人に対する告知によって、効力を生ずる。

(2)　法律行為についての許可をその内容とする決定は、裁判の確定によりその効力を生ずる。このことは、裁判で宣言されなければならない。

(3)　申立てに基づいて法律行為に必要な他の者の授権若しくは同意を代替する決定又は婚姻の一方当事者若しくは生活パートナーが他方の婚姻当事者若しくは生活パートナーのために行為をする権限の制限若しくは剥奪（民法典第1357条第2項第1文、生活パートナー法第8条第2項）を取り消す決定は、裁判の確定によりその効力を生ずる。危険が差し迫っている場合には、裁判所は、決定が即時に効力を生ずることを命ずるができる。この決定は、申立人に告知された時にその効力を生ずる。

第41条　決定の告知

(1)　決定は、関係人に対して告知されなければならない。不服申立てをすることができる決定は、その内容が関係人の明らかにした意思に一致しないものである場合には、当該関係人に対して送達されなければならない。

(2)　出頭している関係人に対しては、決定は、その主文を読み上げることによっても、告知することができる。この方法により告知したことについては、調書に記載しなければならない。この場合には、決定理由を遅滞なく補充しなければならない。第1文に定める場合においては、決定は、書面によっても告知しなければならない。

(3)　決定が法律行為の許可を内容とする場合には、当該法律行為が許可される者本人に対しても、告知をしなければならない。

第42条　決定の更正

(1)　決定に誤記、計算間違いその他これらに類する明白な誤りがあるときは、

裁判所は、職権によっても、いつでも更正決定をしなければならない。

(2)　更正決定は、更正を受ける決定〔の原本〕及びその〔全ての〕正本に付記されなければならない。更正決定が第14条第3項に定める方式による場合には、決定は、独立の電子文書に記録されなければならない。その文書は、〔更正を受ける〕決定と不可分に結合されなければならない。

(3)　更正申立てを却下する決定に対しては、不服を申し立てることができない。更正決定に対しては、民事訴訟法第567条から第572条までの規定の準用により、即時抗告をすることができる。

第43条　追加決定

(1)　手続記録に照らし関係人からされた申立て〔についての裁判〕を全部若しくは一部脱漏している場合、又は費用の裁判を脱漏している場合には、申立てにより、追加の裁判をして決定を補充しなければならない。

(2)　追加の裁判の申立ては、決定の書面による告知〔があった日〕から起算して2週間の期間内に、しなければならない。

第44条　法的審尋請求権の侵害の救済

(1)　次に掲げる場合には、裁判により不利益を受けた関係人の異議により、手続を続行しなければならない。

　1．当該裁判に対する上訴若しくは不服申立て又はその他の変更の可能性が与えられておらず、かつ、

　2．裁判所による法的審尋請求権の侵害があり、これが裁判に影響を及ぼすものであるとき。

　　終局裁判に先行する裁判に対しては、異議は認められない。

(2)　異議は、法的審尋請求権の侵害を知った時から2週間以内に、しなければならない。侵害を知った時点については、疎明をしなければならない。異議は、その対象となる裁判の告知から1年を経過した後は、行うことができない。異議は、その対象となる裁判を行った裁判所に対して、書面で、又は調書への記載によってしなければならない。異議は、その対象となる裁判を表示し、第1項第1文第2号に掲げる要件を示してしなければならない。

(3) 必要な場合には、他の関係人に対して、意見を陳述する機会が与えられなければならない。

(4) 異議が、法律に定める形式又は期間に従わずに行われた場合には、不適法としてこれを却下しなければならない。異議が理由のないものである場合には、裁判所はこれを棄却しなければならない。この裁判は、不服を申し立てることのできない決定によってする。この決定には、簡潔に理由を付するものとする。

(5) 異議に理由がある場合には、裁判所は、異議に基づいて必要な限度で手続を続行することにより、侵害を是正する。

第45条　決定の確定

決定は、適法な上訴又は故障、〔裁判所の裁判に対する〕異議〔Widerspruch〕若しくは〔受命裁判官等の裁判に対する〕異議〔Erinnerung〕の申立てのために定められた期間の満了前には、確定しない。決定の確定は、〔定められた〕期間内にした上訴又は故障、異議〔Widerspruch〕若しくは異議〔Erinnerung〕の申立てにより、遮断される。

第46条　確定証明

決定の確定に関する証明書は、手続記録に基づいて、第一審裁判所の事務課が交付する。上級審の手続の係属中においては、当該審級の裁判所の事務課が、証明書を交付する。婚姻及び実親子関係事件においては、確定の証明は、理由を含まない決定正本上に記載して、職権で関係人に交付する。事務課の判断に対しては、民事訴訟法第573条の規定の準用により、異議申立てをすることができる。

第47条　効力の維持される法律行為

ある者に対して法律行為を行う能力若しくは権能を付与する旨の決定又は意思表示を受領する能力若しくは権能を付与する旨の決定が不当である場合において、当該決定の取消しは、取り消されるまでにその者が行い、又はその者に対して行われた法律行為の効力に影響を及ぼさない。ただし、当該決定が当初から無効である場合には、この限りでない。

第48条　〔裁判の〕変更及び再審

⑴　第一審裁判所は、決定の基礎となる事実又は法律状況につきその後本質的な変更が生じた場合には、継続的効果を有する確定した終局裁判を取り消し、又は変更することができる。申立てによってのみ開始される手続においては、取消し又は変更は、申立てによってのみすることができる。

⑵　確定裁判によって終結した手続については、民事訴訟法第4編の規定の準用により、再審〔手続〕を開始することができる。

⑶　法律行為に許可を与え、又は拒絶する決定に対しては、原状回復、第44条による異議、〔裁判の〕変更又は再審は許されない。ただし、許可又はその拒絶が第三者に対して効力を生じた後に限る。

第4章　保全命令

第49条　保全命令

⑴　裁判所は、〔保全に係る〕法律関係を規律する規定がその措置を許容し、かつ、直ちに措置をする差し迫った必要がある場合には、保全命令により、暫定的な措置を命ずることができる。

⑵　保全命令は、現状の保全を命じ、又は仮の地位を定めることができる。〔保全命令は、〕関係人に対し一定の行為を命じ、又は禁止し、とりわけ目的物の処分を禁止することができる。裁判所は、保全命令によって、その命令の実施に必要な処分をも命ずることができる。

第50条　管轄

⑴　〔保全命令の裁判については、〕本案事件について第一審の管轄権を有する裁判所が管轄権を有する。本案事件が既に係属しているときは第一審裁判所、抗告裁判所に係属しているときは、抗告裁判所が管轄権を有する。

⑵　特に緊急を要する場合には、裁判所の措置を必要とする場所又は保全命令が対象とする人若しくは物が所在する場所を管轄する区裁判所も、〔保全命令の〕裁判をすることができる。この管轄裁判所は、遅滞なく、職権で、第1項に定める管轄裁判所に手続を移送しなければならない。

第51条 〔保全命令の〕手続

(1) 本案事件手続が申立てによってのみ開始することができる場合において
は、保全命令は、申立てによってのみ発することができる。申立人は、申立
てに理由を付し、かつ、発令の要件を疎明しなければならない。

(2) 〔保全命令の〕手続については、仮の救済としての性質に反しない限り、
本案事件について適用される規定の定めるところによる。裁判所は、口頭弁
論を経ないで、裁判することができる。欠席裁判は許されない。

(3) 保全命令の手続は、本案事件が係属している場合においても、独立の手続
である。裁判所は、保全命令の手続において既に実施された個々の手続行為
については、本案事件手続において、これを再び実施することによって新た
な資料を得ることを期待できないときは、実施しないことができる。

(4) 保全命令の費用については、共通規定が適用される。

第52条 本案事件手続の開始

(1) 保全命令が発せられた場合には、裁判所は、関係人の申立てにより、本案
事件手続を開始しなければならない。裁判所は、保全命令の発令とともに、
その満了まで〔本案事件手続開始の〕申立てをすることができない期間を定
めることができる。この期間は、3か月を超えてはならない。

(2) 申立てによってのみ開始される手続においては、裁判所は、申立てによ
り、保全命令を得た関係人に対して、裁判所の定める期間内に本案事件手続
開始の申立てをし、又は本案事件手続のための手続費用救助許可の申立てを
すべきことを命じなければならない。この期間は、3か月を超えてはならな
い。この命令が遵守されないときは、保全命令を取り消さなければならな
い。

第53条 〔保全命令の〕執行

(1) 保全命令〔の執行において〕は、決定に表示された関係人以外の者のため
に、又はその者に対して執行すべき場合に限り、執行文を必要とする。

(2) 裁判所は、暴力保護事件及び特別の必要があるその他の事件においては、
債務者への送達に先立って保全命令を執行することを許すことができる。こ

の場合においては、保全命令は、発令の時に効力を生ずる。

第54条 〔保全命令の〕裁判の取消し及び変更

(1) 裁判所は、保全命令事件における裁判を取り消し、又は変更することができる。取消し又は変更は、本案事件手続が申立てによってのみ開始される場合においては、申立てによってのみすることができる。ただし、法律で必要と定める陳述聴取をあらかじめ経ないで裁判がされたときは、この限りでない。

(2) 家庭事件において〔保全命令の〕裁判が口頭弁論を経ないでされたときは、申立てにより、口頭弁論に基づいて新たに裁判をしなければならない。

(3) 〔保全命令における裁判の取消し又は変更については、〕保全命令を発した裁判所が管轄権を有する。事件が他の裁判所に移送されたときは、移送を受けた裁判所が管轄権を有する。

(4) 保全命令事件が抗告裁判所に係属しているときは、第一審裁判所は、抗告の申し立てられた裁判の取消し又は変更をすることができない。

第55条 執行の中止

(1) 保全命令の執行の停止又は制限は、第54条に定める場合においては〔同条により管轄権を有する〕裁判所が、第57条に定める場合においては上訴審裁判所がすることができる。この決定に対しては、不服を申し立てることができない。

(2) 執行の停止又は制限の申立てがされた場合には、〔裁判所は、〕これらの申立てについてまず裁判しなければならない。

第56条 〔保全命令の〕失効

(1) 保全命令は、それと異なる措置が効力を生ずることにより、その効力を失う。ただし、裁判所がより早い時期〔における失効〕を定めているときは、この限りでない。家庭争訟事件について、保全命令と異なる終局裁判があった場合には、裁判の確定により〔保全命令は〕効力を失う。ただし、〔終局裁判の〕効力が裁判の確定より後に生ずる場合は、この限りでない。

(2) 申立てによってのみ開始される手続においては、保全命令は、次に掲げる

場合にも、効力を失う。

1．本案事件の申立てが取り下げられたとき。

2．本案事件の申立てを退ける裁判が確定したとき。

3．本案事件について合意による終了宣言がされたとき。

4．他の事情により本案事件が終了したとき。

(3)　保全命令に係る事件の第一審の裁判を最後にした裁判所は、申立てにより、第1項及び第2項に定める効果を決定で宣言しなければならない。この決定に対しては、抗告をすることができる。

第57条　上訴

家庭事件における保全命令の手続についての裁判に対しては、不服を申し立てることができない。ただし、第151条第6号及び第7号に定める手続の場合及び第一審裁判所が、口頭による討論に基づいて、次に掲げる事項のいずれかについて裁判をした場合には、この限りでない。

1．子についての親の配慮

2．子の他方の親への引渡し

3．子を養育者又は〔子と〕親密な関係を有する者の下に留め置くことを求める申立て

4．暴力保護法第1条及び第2条による申立て

5．婚姻住居事件における住居の指定の申立て

第5章　上訴

第1節　抗告

第58条　抗告をすることができる場合

(1)　法律に別段の定めがない限り、この法律に定める事件につき区裁判所及び地方裁判所がした第一審の終局裁判に対しては、抗告をすることができる。

(2)　終局裁判前の裁判であって、独立の不服申立てをすることができないものも、抗告裁判所の判断を受ける。

第59条　抗告権者

⑴　決定によってその権利を害された者は、抗告をすることができる。

⑵　申立てによってのみされる決定について、申立てが却下された場合には、申立人のみが抗告をすることができる。

⑶　官庁の抗告権については、この法律その他の法律で特に定めるところによる。

第60条　未成年者の抗告権

　親の配慮の下にある子又は後見に服する被後見人は、その身上に関する事件においては、法定代理人を介することなく抗告権を行使することができる。裁判所が裁判をする前に子又は被後見人の陳述を聴取すべきその他の事件についても、同様とする。本条の規定は、行為能力を有しない者又は裁判がされた時点において満14歳に達していない者については、適用しない。

第61条　〔最低〕抗告額、許可抗告

⑴　財産権上の事件については抗告対象の価額が600ユーロを超えるときに限り、抗告をすることができる。

⑵　抗告対象の価額が第1項に定める金額を超えない場合においては、第一審裁判所が抗告を許可したときに限り、抗告をすることができる。

⑶　第一審裁判所は、次に掲げる場合に抗告を許可する。抗告裁判所は、〔第一審裁判所のした〕許可に拘束される。

　1．法律問題が基本的意義を有し、又は法の継続形成若しくは判例の統一の確保のために抗告裁判所の裁判を要するときであって、かつ、

　2．関係人が、決定に対して600ユーロを超えない限度で、不服を有するとき。

第62条　本案事件終了後における抗告の帰趨

⑴　〔抗告審の係属中に〕原裁判に係る事件が終了した場合において、抗告人が正当な利益を有するときは、抗告裁判所は、申立てにより、第一審裁判所の裁判が抗告人の権利を害するものであった旨を宣言する。

⑵　次に掲げる場合には、正当な利益が原則として認められる。

1．重大な基本権侵害が存するとき。

2．〔事件が〕蒸し返されることが具体的に予測されるとき。

⑶ 第１項及び第２項の規定は、手続補佐人又は手続保護人が抗告を提起した場合について準用する。

第63条 抗告期間

⑴ 抗告は、法律に特別の定めがある場合を除き、１月の期間内に提起しなければならない。

⑵ 抗告は、次に掲げる裁判に対してするときは、２週間の期間内に提起しなければならない。

1．保全命令の手続における裁判

2．法律行為の許可の申立てについての裁判

⑶ 〔抗告〕期間は、関係人に対する決定の書面による告知から、関係人ごとに進行を始める。関係人に対して書面による告知ができない場合には、期間は、遅くとも決定がされた後５月を経過した時から、進行を始める。

第64条 抗告の提起

⑴ 抗告は、原決定をした裁判所に提起しなければならない。抗告のための手続費用救助の許可の申立ては、原決定をした裁判所に提起しなければならない。

⑵ 抗告は、抗告状の提出又は裁判所事務課における調書への記載によって提起する。婚姻事件及び家庭争訟事件においては、裁判所事務課における調書への記載によって抗告を提起することができない。抗告〔状〕には、不服を申し立てる決定の表示及びその決定に対して抗告をする旨を記載しなければならない。抗告〔状〕には、抗告人又はその訴訟代理人が、署名しなければならない。

⑶ 抗告裁判所は、裁判に先立って保全命令を発し、とりわけ原決定の執行停止を命ずることができる。

第65条 抗告の理由

⑴ 抗告は、理由を明らかにしてするものとする。

(2) 抗告裁判所又はその裁判長は、抗告人に対して、抗告理由提出のための期
　　間を定めることができる。

(3) 抗告は、新たな事実及び証拠に基づいてすることができる。

(4) 抗告は、第一審裁判所が誤ってその管轄権を認めたことを理由としては、
　　することができない。

第66条　附帯抗告

　関係人は、抗告〔権〕を放棄し、又は抗告期間が経過した後であっても、附
帯抗告をすることができる。附帯抗告は、附帯抗告書を抗告裁判所に提出して
する。附帯抗告は、抗告の取下げがあったとき、又は不適法として抗告の却下
があったときは、その効力を失う。

第67条　抗告〔権〕の放棄、抗告の取下げ

(1) 抗告は、抗告人が、決定の告知後に裁判所に抗告〔権〕を放棄する旨の申
　　述をした場合には、不適法となる。

(2) 附帯抗告は、附帯抗告人が主たる上訴の提起後に裁判所に附帯抗告〔権〕
　　を放棄する旨の申述をした場合には、不適法となる。

(3) 他の関係人に対して放棄の申述がされた場合においては、その関係人がこ
　　れを援用したときに限り、抗告は不適法となる。

(4) 抗告人は、抗告に対する裁判がされるまでの間、裁判所に対する申述によ
　　り、抗告を取り下げることができる。

第68条　抗告手続の進行

(1) 原裁判所は、抗告を理由があると認めるときは、その決定を更正しなけれ
　　ばならず、抗告を理由がないと認めるときは、事件を遅滞なく抗告裁判所に
　　送付しなければならない。家庭事件の裁判に対して抗告がされた場合には、
　　〔原〕裁判所は、更正をすることができない。

(2) 抗告裁判所は、抗告をすることができる裁判であるかどうか、並びに抗告
　　が法律に定める方式及び期間を遵守して提起されたかどうかを、調査しなけ
　　ればならない。これらの要件のいずれかを欠く場合には、抗告を不適法とし
　　て却下しなければならない。

⑶　抗告手続は、以上のほか、第一審の手続に関する規定の定めるところによ
　　る。抗告裁判所は、第一審において既に実施された期日、口頭弁論又は個々
　　の手続行為については、再び実施することによって新たな資料を得ることを
　　期待できないときは、これを実施しないことができる。

⑷　抗告裁判所は、決定で、抗告事件を、単独裁判官としての裁判のためにそ
　　の構成員に移付することができる。民事訴訟法第526条の規定は、これを準
　　用する。ただし、試用期間中の裁判官に移付することはできない。そのほ
　　か、抗告裁判所は、子の福祉上の理由から相当と認め、又は子が明らかにそ
　　の好悪及び意思を表明することができない状態にある場合には、決定で、子
　　本人の陳述聴取を、受命裁判官であるその構成員に行わせることができる。
　　子についての直接の印象の獲得についても、同様とする。

⑸　第3項第2文及び第4項第1文の規定は、抗告が次に掲げる裁判に係る本
　　案手続についてのものであるときは、適用しない。

　　1．民法典第1666条及び第1666a条の規定による身上配慮の一部又は全部の
　　　　剥奪
　　2．民法典第1684条の規定による交流権の否定
　　3．民法典第1632条第4項又は第1682条の規定による〔現在の監護者の下へ
　　　　の〕居住継続命令

第69条　抗告に対する裁判

⑴　抗告裁判所は、事件について自ら裁判しなければならない。抗告裁判所
　　は、原決定及び手続を取り消すときは、第一審裁判所が本案につき未だ裁判
　　をしていない場合に限り、事件を第一審裁判所に差し戻すことができる。手
　　続に重大な瑕疵があり、裁判をするために多数の、又は費用のかさむ証拠調
　　べを要する場合であって、関係人の申立てがあった場合にも、同様とする。
　　第一審裁判所は、抗告裁判所が取消しの理由とした法律上の判断に拘束され
　　る。

⑵　抗告裁判所の決定には、理由を付さなければならない。

⑶　以上のほか、第一審手続における決定に関する規定は、抗告に対する裁判

について準用する。

第2節　法律抗告

第70条　法律抗告をすることができる場合

⑴　関係人による法律抗告は、抗告裁判所又は第一審裁判所である上級地方裁判所がその決定で許可した場合にすることができる。

⑵　次に掲げる場合には、法律抗告を許可しなければならない。法律抗告裁判所は、許可に拘束される。

　1．法律問題が基本的意義を有するとき。

　2．法の継続形成又は判例の統一の確保のために法律抗告裁判所の裁判を要するとき。

⑶　抗告裁判所の決定に対する法律抗告は、次に掲げる事件においては許可を要しない。

　1．世話関係事件であって、世話人の選任、世話の取消し又は〔世話人の〕同意を要するものとし、若しくは要しないものとする裁判に係るもの

　2．収容事件及び第151条第6号及び第7号の規定による手続

　3．自由剥奪事件

　　前文第2号及び第3号の規定は、収用措置又は自由剥奪を命ずる決定に対する法律抗告に限り、適用する。第1文第3号に定める場合には、前文の規定にかかわらず、法律抗告は、第417条第1項第2文第5号に定める手続において自由剥奪措置を斥け又は却下する決定に対してする場合においても、許可を要しない。

⑷　保全命令若しくは仮差押えの発令、変更又は取消しに関する手続における決定に対しては、法律抗告をすることができない。

第71条　法律抗告の期間及び方式

⑴　法律抗告は、決定の書面による告知から1月の期間内に、抗告状を法律抗告裁判所に提出して提起しなければならない。法律抗告状には、次に掲げる事項を記載しなければならない。

１．法律抗告の対象とする決定の表示

　　２．その決定に対して法律抗告をする旨の表示

　　　法律抗告状には、署名をしなければならない。法律抗告状には、原決定の
　　正本又は認証のある謄本を添付するものとする。

⑵　法律抗告については、抗告状に理由が記載されていない場合には、１月の
　　期間内に、理由を付さなければならない。この期間は、原決定の書面による
　　告知の時から進行を始める。民事訴訟法第551条第２項第５文及び第６文の
　　規定は、これを準用する。

⑶　抗告の理由は、次に掲げる事項を含むものでなければならない。

　　１．原決定に対して不服を申し立て、取消しを申し立てる範囲（法律抗告の
　　　申立て）の表示

　　２．次に掲げる抗告理由の摘示

　　　a)　法令違反の原因となる事情の明確な表示

　　　b)　法律抗告が手続に関する法令違反を理由とする場合には、その瑕疵
　　　　の原因となった事実の表示

⑷　法律抗告状及びその理由書は、他の関係人に告知されなければならない。

第72条　法律抗告の理由

⑴　法律抗告は、原裁判に影響を及ぼす法令違反があることを理由とする場合
　　に限り、することができる。法令違反は、法規範が適用されず、又は正しく
　　適用されなかった場合に認められる。

⑵　法律抗告は、第一審裁判所が誤ってその管轄権を認めたことを理由として
　　はすることができない。

⑶　民事訴訟法第547条、第556条及び第560条の規定は、これを準用する。

第73条　附帯法律抗告

　関係人は、法律抗告〔権〕を放棄し、法律抗告期間を徒過し、又は法律抗告
が許可されなかった場合においても、法律抗告の理由書が告知されてから１月
の期間が経過するまでの間、附帯〔抗告〕書を法律抗告裁判所に提出して附帯
法律抗告をすることができる。附帯法律抗告は、附帯〔抗告〕書に理由を付

し、署名をしてしなければならない。附帯法律抗告は、法律抗告が取り下げられ、不適法として却下され、又は第74a条第1項の規定により却下された場合には、その効力を失う。

第74条　法律抗告についての裁判

(1) 法律抗告裁判所は、法律抗告をすることができる裁判であるかどうか、並びに法律抗告が法律に定める方式及び期間を遵守して提起され、かつ、理由が明らかにされているかどうかを、調査しなければならない。これらの要件のいずれかを欠く場合には、法律抗告を不適法として却下しなければならない。

(2) 原決定にその理由によれば法令違反がある場合においても、他の理由により正当であるときは、法律抗告を棄却しなければならない。

(3) 法律抗告裁判所の調査は、関係人のした申立ての限度でのみする。法律抗告裁判所は、主張された法律抗告の理由に拘束されない。職権により顧慮することができない手続上の瑕疵については、その瑕疵が第71条第3項及び第73条第2文により主張された場合に限り、調査することができる。民事訴訟法第559条及び第564条の規定は、これを準用する。

(4) 本節の規定が別段の定めをする場合を除き、第一審に関する規定は、この他の手続について準用する。

(5) 法律抗告に理由がある場合には、原決定を取り消さなければならない。

(6) 法律抗告裁判所は、終局裁判をするのに熟するときは、事件について自ら裁判する。これ以外の場合には、法律抗告裁判所は、原決定及び手続を取り消し、新たな審理及び裁判をさせるため、抗告裁判所、又は、特別の理由により必要があると認めるときは、第一審裁判所に、事件を差し戻す。差戻しは、原裁判をした裁判所の別の裁判体に対してすることができる。事件の差戻しを受けた裁判所は、取消しの理由とされた法律上の判断に拘束される。

(7) 裁判の理由の記載は、その理由が、基本的意義を有する法律問題の解明、法の継続形成又は判例の統一の確保のために適当でない場合には、省略することができる。

第74a条　却下決定

⑴　法律抗告裁判所は、法律抗告が許可の要件を満たしておらず、かつ、認容の見込みがないと認めるときは、全員一致の決定により、口頭弁論又は期日における討論をすることなく、抗告裁判所が許可した法律抗告を却下する。

⑵　法律抗告裁判所又はその裁判長は、法律抗告を却下しようとする旨及びその理由を関係人にあらかじめ教示し、法律抗告人に対して、期間を定めて、意見を陳述する機会を与えなければならない。

⑶　却下の理由が第2項の規定による指摘に含まれていなかった場合には、第1項の規定による決定には、理由を付さなければならない。

第75条　飛越法律抗告

⑴　次に掲げる場合には、許可を要することなく抗告に服する第一審の決定に対して、抗告審を経ないで直ちに法律抗告をすることができる（飛越法律抗告）。

　　1．抗告審を経ないことについて関係人が同意し、かつ、

　　2．法律抗告裁判所が飛越上告を許可するとき。

　　　飛越法律抗告の許可の申立て及び同意の表明は、抗告による上訴〔権〕の放棄の効力を有する。

⑵　飛越法律抗告は、第63条の規定で定める期間内に提起しなければならない。民事訴訟法第566条第2項から第8項までの規定は、その他の手続について準用する。

第6章　手続費用の救助

第76条　〔救助の〕要件

⑴　〔次条〕以下に異なる定めのない限り、訴訟費用の救助に関する民事訴訟法の規定は、手続費用の救助の許可について準用する。

⑵　手続費用の救助の手続でされる決定に対しては、民事訴訟法第567条から第572条まで及び第127条第2項から第4項までの規定の準用により、即時抗告をすることができる。

第77条 〔救助の〕許可

(1) 裁判所は、手続費用の救助の許可に先立って、他の関係人に意見を陳述する機会を与えることができる。申立てにより開始される手続においては、特別の理由により不適切と認められない限り、申立ての相手方に、手続費用の救助の許可の要件があると考えるか、意見を陳述する機会を与えなければならない。

(2) 動産執行についての手続費用の救助の許可〔の効果〕は、財産情報及び宣誓に代わる保証の提供の手続を含めて、執行裁判所の管轄区域における全ての執行行為に及ぶ。

第78条 弁護士の付添い

(1) 弁護士による代理が定められている場合は、関係人に、その選択した代理の用意のある弁護士を付する。

(2) 弁護士による代理が定められていない場合において、事実及び法律状態の困難さのために弁護士による代理が必要と認められるときは、関係人に、その申立てに基づき、その選択した代理の用意のある弁護士を付する。

(3) 手続の係属する裁判所の管轄区域において開業していない弁護士は、それによって特段の費用が発生しない場合にのみ、付されることができる。

(4) 特段の事情により必要であるときは、関係人に、受託裁判官の面前における証拠調べ期日での権利行使又は手続代理人とのやり取りの仲介のために、その申立てに基づき、その選択した代理の用意のある弁護士を付することができる。

(5) 関係人が代理の用意のある弁護士を見いださないときは、申立てにより、裁判長が弁護士を付する。

第79条 （削除）

第7章 費用

第80条 負担すべき費用の範囲

〔本節の定めにより負担しなければならない手続〕費用とは、裁判所費用

（手数料及び立替金）及び関係人の支出した費用であって手続の追行のために必要なものをいう。民事訴訟法第91条第1項第2文の規定は、これを準用する。

第81条　費用負担の原則

⑴　裁判所は、衡平な裁量により、関係人に手続費用の全部又は一部を負担させることができる。裁判所は、費用の徴収の免除をすることもできる。家庭事件においては、〔裁判所は〕費用について常に裁判しなければならない。

⑵　裁判所は、〔関係人に費用を負担させる場合において、〕次に掲げる場合には、手続費用の全部又は一部を〔当該〕関係人に負担させるものとする。

　1．関係人が故意又は重大な過失によって手続〔開始〕の原因を生じさせたとき。

　2．関係人の申立てに当初から認容の見込みがなく、かつ、そのことが関係人に明白であったとき。

　3．関係人が、重要な事実に関しその責めに帰すべき事由により虚偽の摘示をしたとき。

　4．関係人が、その責めに帰すべき事由により協力義務に違反し、手続を著しく遅滞させたとき。

　5．関係人が、十分に弁明しなかった限りで、第156条第1項第3文に定める調停その他の裁判外紛争処理の可能性についての無償の情報提供のための面談又は第156条第1項第4文に定める協議への参加を命ずる裁判官の命令に応じなかったとき。

⑶　未成年者である関係人には、その身上に関する手続の費用を負担させることができない。

⑷　第三者に対しては、その故意又は重大な過失により裁判所の行為が必要となった場合に限り、手続費用を負担させることができる。

⑸　費用の負担につき連邦の法令に特別の定めがある場合には、その定めるところによる。

第82条　費用負担の裁判をする時期

　裁判所は、費用についての裁判をするときは、終局裁判においてしなければならない。

第83条　和解、終了及び取下げの場合の費用負担

⑴　手続が和解によって完結した場合において、関係人が費用について特別の定めをしなかったときは、裁判所費用は、関係人が等しい割合で負担する。その余の費用は、各自が負担する。

⑵　第81条の規定は、手続がその他の方法で終了した場合又は申立ての取下げがあった場合について準用する。

第84条　上訴の費用

　上訴が目的を達しなかったときは、裁判所は、上訴を提起した関係人にその費用を負担させるものとする。

第85条　費用額の確定

　償還すべき額の確定に関する民事訴訟法第103条から第107条までの規定は、これを準用する。

　第8章　執行

　　第1節　総則規定

第86条　執行名義

⑴　強制執行は、次に掲げるものに基づいて行われる。

　1．裁判所の決定

　2．裁判所の承認を得た和解（第156条第2項）

　3．関係人が手続の対象を処分し得る限りにおいて、民事訴訟法第794条に定めるその他の執行名義

⑵　決定は、効力発生とともに執行力を有する。

⑶　執行名義は、執行が名義を発した裁判所によって行われない場合にのみ、執行文を要する。

第87条 〔執行の〕手続・抗告

(1) 裁判所は、職権で開始され得る手続においては、職権で執行を開始し、違反行為の場合に取られるべき執行方法を定める。権利者は執行行為の実施を申し立てることができ、裁判所は、申立てに応じない場合には、決定で裁判をする。

(2) 執行は、決定が既に送達されているか、同時に送達される場合にのみ、開始することができる。

(3) 執行官は、民事訴訟法第757a条による情報及び援助を求める権限を有する。民事訴訟法第758条第1項及び第2項並びに第759条から第763条までの規定は、これを準用する。

(4) 執行手続でされた決定に対しては、民事訴訟法第567条から第572条までの規定の準用により、即時抗告をすることができる。

(5) 第80条から第82条まで及び第84条の規定は、費用の裁判について準用する。

第2節 人身の引渡し及び交流の実施に関する裁判の執行

第88条 原則

(1) 執行は、〔引渡等の目的である〕人が執行開始の時点において常居所とする地を管轄する裁判所によって行われる。

(2) 少年局は、相当な場合においては、裁判所に援助を与える。

(3) 手続は、〔他の手続に〕優先して、迅速に行われなければならない。第155b条及び第155c条の規定は、これを準用する。

第89条 秩序措置

(1) 人身の引渡し及び交流の実施を目的とする執行名義に違反する行為がされたときは、裁判所は、義務者に対して秩序金及び、秩序金を取り立てることができない場合のために、秩序拘禁を命ずることができる。秩序金が功を奏する見込みがないときは、裁判所は、秩序拘禁を命ずることができる。〔秩序金又は秩序拘禁を命ずる〕命令は、決定である。

(2) 人身の引渡し又は交流の実施を命ずる決定には、その決定に違反した場合

の効果を教示しなければならない。

(3) 一回の秩序金の金額は、25000ユーロを超えてはならない。民事訴訟法第802g条第1項第2文及び第2項、第802h条及び第802j第1項の規定は、拘禁の執行について準用する。

(4) 義務者が、違反行為をその責めに帰することができないものとする事由を明らかにしたときは、秩序措置の決定をしない。責めに帰することができないものとする事由が後に明らかにされた場合には、［秩序措置の］決定は取り消される。

第90条　直接強制の適用

(1) 次に掲げる場合には、裁判所は、執行のために、明示の決定により、直接強制を命ずることができる。

　1．秩序措置の決定が功を奏しなかったとき。

　2．秩序措置の決定が功を奏する見込みがないとき。

　3．裁判を即時に執行することが必要不可欠であるとき。

(2) 交流権を行使するために子を引き渡すべき場合においては、子に対する直接強制の適用を許可してはならない。その他の場合においては、子の福祉に鑑みて正当と認められ、かつ、より平穏な方法によっては義務の履行強制が不可能である場合に限り、子に対する直接強制の適用を許可することができる。

第91条　裁判官の捜索決定

(1) 義務者の住居は、裁判官の決定に基づく場合に限り、義務者の同意なく捜索することができる。ただし、決定をすることが捜索の成功を妨げるおそれがある場合には、この限りでない。

(2) 第94条に基づき民事訴訟法第802g条によってされる拘禁命令の執行については、第1項の規定を適用しない。

(3) 義務者が捜索に同意し、又は義務者に対する決定が第1項第1文の規定によって発せられ、若しくは第1項第2文の規定により必要とされないときは、その住居を共同で占有する者は、捜索を受忍しなければならない。共同

占有者に対し不当に苛酷な方法は、避けなければならない。

(4) 第1項による決定は、執行に際して提示されなければならない。

第92条　執行手続

(1) 秩序措置の決定は、あらかじめ義務者の陳述を聴取してしなければならない。陳述聴取により執行が不可能又は著しく困難となる場合を除き、直接強制の命令についても、同様とする。

(2) 秩序措置の決定又は直接強制の命令をするときは、義務者に手続費用を負担させなければならない。

(3) 秩序措置の決定又は直接強制の命令をするためには、第165条による手続を事前に経ることを要しない。同条の手続を行うことは、秩序措置の決定又は直接強制の命令を妨げない。

第93条　執行の停止

(1) 裁判所は、次に掲げる場合には、決定で、執行を一時停止若しくは制限し、又は執行処分を取り消すことができる。

1. 原状回復の申立てがあったとき。

2. 手続について再審の申立てがあったとき。

3. 裁判に対して抗告が提起されたとき。

4. 裁判の変更の申立てがあったとき。

5. あっせん手続（第165条）実施の申立てがあったとき。

　抗告審においては、執行の一時停止についてまず裁判しなければならない。この決定に対しては、不服を申し立てることができない。

(2) 民事訴訟法第775条第1号及び第2号並びに第776条の規定は、執行の停止又は制限並びに執行処分の取消しについて準用する。

第94条　宣誓に代わる担保

　引渡しの目的である人が発見されない場合には、裁判所は、義務者に、その所在について宣誓に代わる担保を立てさせることができる。民事訴訟法第883条第2項及び第3項の規定は、これを準用する。

第3節　民事訴訟法による執行

第95条　民事訴訟法の適用

(1)　前節までの本章各節に異なる定めがない限り、強制執行に関する民事訴訟法の規定は、次に掲げる執行について準用する。

1．金銭債権のためのもの

2．動産又は不動産の引渡しのためのもの

3．代替的又は不代替的作為の実施のためのもの

4．受忍及び不作為の強制のためのもの

5．意思表示をすることのためのもの

(2)　本法律の規定に定めるところにしたがい、決定が〔強制執行手続における〕判決に代替する。

(3)　金銭債権のための名義に係る義務者が、執行がその者に償うことができない不利益をもたらすことを疎明したときは、裁判所は、その者の申立てにより、裁判において、確定前の執行を排除しなければならない。民事訴訟法第707条第1項及び第719条第1項の場合には、執行は同じ要件の下でのみ停止され得る。

(4)　物の引渡し若しくは提出又は代替的作為の実施の義務の執行がされるべき場合は、裁判所は、法律に別段の定めがない限り、決定で、民事訴訟法第883条及び第885条から第887条までによる方法と並んで、又はそれらの方法に代えて、民事訴訟法第888条に規定されている方法を命じることができる。

第96条　暴力保護法による手続及び住居指定事件における執行

(1)　義務者が、暴力保護法1条による不作為命令に違反する場合、権利者は、すべての持続的な違反行為の除去のために、執行官の援助を求めることができる。執行官は、民事訴訟法第758条第3項及び第759条に従って手続を行わねばならない。執行官は、民事訴訟法第757a条による情報及び援助を求めることができる。民事訴訟法第890条及び第891条は、それとともに、適用可能である。

(2)　暴力保護事件（ただし、手続の対象が婚姻住居事件の領域の規制である場

合に限る。）及び婚姻住居事件における保全命令については、有効期間中、民事訴訟法第885条第1項に定める引渡しを繰り返しすることができる。義務者への新たな送達は必要としない。

第96a条　実親子関係事件における執行

⑴　確定した決定又は裁判上の和解により〔執行〕名義を得た、民法典第1598a条による一般的に受け入れられた科学的原則に従って行われる検体採取、とりわけ唾液又は血液検体の採取を受忍することを求める請求権の執行は、検体採取の方法を検査されるべき者に要求することができない場合には、することができない。

⑵　正当な理由なく検査の拒絶が繰り返される場合は、直接強制も適用されることができ、とりわけ強制的な検査への勾引が命じられることができる。

第9章　外国との関連がある手続

第1節　国際法上の合意及び欧州連合の法令との関係

第97条　〔国際法の〕優先及び〔欧州法の〕維持

⑴　国際法上の合意の定めは、直接に適用可能な国内法となっている場合には、この法律の規定に優先する。欧州連合の法令の定めは、その効力を妨げられない。

⑵　第1項の規定に定める合意及び法令の国内法化及び執行のために定められた規定は、その効力を妨げられない。

第2節　国際裁判管轄

第98条　婚姻事件、離婚事件と附帯事件の併合

⑴　次に掲げる場合には、ドイツの裁判所は婚姻事件の管轄権を有する。

　1．婚姻の一方当事者がドイツ人であり、又は婚姻の時にドイツ人であったとき。

　2．婚姻の両当事者がともにその常居所を〔ドイツ〕国内に有するとき。

　3．婚姻の一方当事者が無国籍であって〔ドイツ〕国内にその常居所を有す

るとき。

　　4．婚姻の一方当事者がその常居所を〔ドイツ〕国内に有するとき。ただ
　　し、婚姻当事者の属するいずれの国の法令によっても、〔ドイツで〕され
　　るべき裁判が承認されないことが明らかである場合には、この限りでな
　　い。

⑵　民法典施行法13条第3項第2号に定める婚姻の取消しにかかる手続につ
　いては、婚姻の時16歳に達していたが、18歳に満たない婚姻当事者が〔ドイ
　ツ〕国内に常居所を有するときにも、ドイツの裁判所は管轄権を有する。

⑶　第1項に定めるドイツの裁判所の管轄権は、離婚事件と附帯事件が併合さ
　れている場合には、附帯事件に及ぶ。

第99条　実親子関係事件

⑴　次に掲げる場合には、第151条第7号の手続を除き、ドイツの裁判所は、
　管轄権を有する。

　　1．子が、ドイツ人であるとき。

　　2．子が、その常居所を〔ドイツ〕国内に有するとき。

　　これに加えて、ドイツの裁判所は、子がドイツの裁判所による保護を必要
　とするときにも管轄権を有する。

⑵　後見の命令についてドイツの裁判所及び外国の裁判所がともに管轄権を有
　し、かつ、後見事件がその外国において係属している場合において、被後見
　人の利益にかなうときは、国内における後見の命令をしないことができる。

⑶　後見の命令についてドイツの裁判所及び外国の裁判所がともに管轄権を有
　し、かつ、後見が〔ドイツ〕国内において実施されている場合において、
　被後見人の利益にかない、後見人が同意し、かつ、その外国が後見を承継す
　る用意がある旨を明らかにしたときは、後見事件の係属する裁判所は、事件
　を、後見の命令について管轄権を有する外国の裁判所に、委譲することがで
　きる。後見人が同意を拒絶し、又は複数の後見人が共同で後見を遂行してい
　る場合において、そのうちの一人が同意を拒絶したときは、後見事件の係属
　する裁判所に代わって、その上級裁判所が、〔委譲の〕裁判をする。この決

定に対しては、不服を申し立てることができない。

⑷　第2項及び第3項の規定は、第151条第5号及び第6号の規定による手続について準用する。

第100条　実親子関係事件

ドイツの裁判所は、子、母、父又は、受胎期間に母と同居していたことについて宣誓に代わる担保を提供した男〔のいずれか〕が、次のいずれかに該当するときは、管轄権を有する。

1．ドイツ人であるとき。

2．その常居所を〔ドイツ〕国内に有するとき。

第101条　養子事件

ドイツの裁判所は、養親となる者、養親となる婚姻当事者の一方又は子が次のいずれかに該当する場合には、管轄権を有する。

1．ドイツ人であるとき。

2．その常居所を〔ドイツ〕国内に有するとき。

第102条　年金調整事件

ドイツの裁判所は、次に掲げる場合には、管轄権を有する。

1．申立人又は相手方がその常居所を〔ドイツ〕国内に有するとき。

2．〔ドイツ〕国内の請求権について裁判をしなければならないとき。

3．ドイツの裁判所が申立人と相手方との間の離婚を命じたとき。

第103条　生活パートナーシップ事件

⑴　ドイツの裁判所は、次に掲げる場合には、生活パートナーシップ事件のうち、生活パートナーシップ法に基づく生活パートナーシップの終了又は生活パートナーシップの存在または不存在の確認を目的とするものについて、管轄権を有する。

1．生活パートナーの一方がドイツ人であり、又は生活パートナーシップの開始の時にドイツ人であったとき。

2．生活パートナーの一方がその常居所を〔ドイツ〕国内に有するとき。

3．生活パートナーシップが、ドイツの所轄官庁において開始されたとき。

⑵　第１項の規定によるドイツの裁判所の管轄権は、終了事件と附帯事件が併合される場合には、附帯事件に及ぶ。

⑶　第99条、第101条、第102条及び第105条の規定は、これを準用する。

第104条　世話及び収容措置事件、成年者の保護

⑴　ドイツの裁判所は、〔世話又は収容措置の〕対象者又は成年の被保護人が次のいずれかに該当するときは、管轄権を有する。

　１．ドイツ人であるとき。

　２．その常居所を〔ドイツ〕国内に有するとき。

　　これに加えて、ドイツの裁判所は、〔世話又は収容措置の〕対象者又は成年の被保護人がドイツの裁判所による保護を必要とするときにも管轄権を有する。

⑵　第99条第２項及び第３項の規定は、これを準用する。

⑶　第１項及び第２項の規定は、第312条第４号の規定による手続については、適用しない。

第105条　〔前条までに規定する手続以外の〕その他の手続

　ドイツの裁判所は、この法律に定めるその他の手続について、土地管轄権を有するドイツの裁判所があるときは、管轄権を有する。

第106条　非専属管轄性

　この節に定める〔国際裁判〕管轄は、専属管轄ではない。

第３節　外国の裁判の承認及び執行

第107条　婚姻事件にかかる外国の裁判の承認

⑴　外国において、婚姻の無効を宣言し、婚姻を取り消し、離婚によって婚姻関係を終了させ、若しくは婚姻継続中に別居を命じ、又は、関係人間の婚姻の存在若しくは不存在を確認する裁判は、州の司法行政機関が承認要件の存在を確認したときに限り、承認される。裁判の時婚姻の両当事者が属する国の裁判所又は官庁のした裁判は、州の司法行政機関による確認によることなく承認される。

(2) 〔承認の〕管轄権は、婚姻の一方当事者がその常居所を有する州の司法行政機関が有する。婚姻当事者がいずれも国内にその常居所を有しない場合には、新たに婚姻又は生活パートナーシップを開始しようとする州の司法行政機関が管轄権を有する。州司法行政機関は、婚姻又は生活パートナーシップの開始の申請がされたことを証する文書の提出を求めることができる。他に管轄権を有する州がないときは、ベルリン州の司法行政機関が管轄する。

(3) 州政府は、州の司法行政機関が本条の規定により有する権限を、法規命令により、一名又は数名の上級地方裁判所所長に委ねることができる。州政府は、第1文の規定による授権を、法規命令により、州の司法行政機関に委ねることができる。

(4) 〔承認の〕決定は、申立てに基づいてする。申立ては、承認をすることについて法律上の利益を有することを疎明した者が、することができる。

(5) 州司法省が申立てを斥けたときは、申立人は、上級地方裁判所にその決定を求める申立てをすることができる。

(6) 州の司法行政機関が承認の要件が満たされている旨を確認した場合には、申立てをしなかった婚姻当事者は、上級地方裁判所にその決定を求める申立てをすることができる。州の司法行政機関の決定は、申立人に対する告知によって効力を生ずる。州の司法行政機関は、決定において、その定める期間の満了後に初めて効力を生ずる旨を定めることができる。

(7) 〔上級地方裁判所の決定を求める申立てについての〕管轄権は、州の司法行政機関の所在する地を管轄する上級地方裁判所の民事部が有する。裁判所の決定を求める申立ては、執行停止の効力を有しない。第4章及び第5章、第14条第1項及び第2項並びに第48条第2項の規定は、この手続について準用する。

(8) 前項までの規定は、裁判の承認要件が存在しないことの確認が求められる場合について準用する。

(9) 承認要が存在すること又は存在しないことの確認は、裁判所及び行政庁を拘束する。

(10) 外国の裁判に基づいて、婚姻の無効、取消し、離婚、別居、存在又は不存在が1941年11月1日においてドイツの家族登録簿（婚姻登録簿）に記載されていた場合には、その記載は、本条の規定による承認とみなす。

第108条　その他の外国の裁判の承認

(1)　婚姻事件の裁判及び養子の効力に関する法律第1条第2項の裁判を除き、外国の裁判は、特別の手続を必要とせずに承認される。

(2)　法律上の利益を有する関係人は、財産権に関しない事件に係る外国の裁判の承認又は非承認についての裁判を申し立てることができる。第107条第9項の規定は、これを準用する。ただし、養子縁組の承認又は非承認については、養子となる者が縁組の時に満18歳に達していなかった場合には、養子の効力に関する法律の規定を適用する。

(3)　第2項第1文の規定による申立てに係る裁判については、次に掲げる地を管轄する裁判所が、土地管轄権を有する。

1．申立ての時に申立ての相手方又は裁判の名宛人である者が常居所とする地

2．第1号の規定による管轄が存しない場合においては、申立ての時に〔承認の可否についての〕確認の利益が認められ、又は保護の必要が存在する地

本項に定める管轄は、専属とする。

第109条　承認拒否事由

(1)　次に掲げる場合には、外国の裁判は承認されない。

1．外国の裁判所がドイツ法によれば管轄権を有しないとき。

2．関係人が事件の本案について陳述しておらず、そのことを援用する場合において、その関係人に対して、手続を開始するための書類が適式に通知されず、又はその権利を行使するのに適切な時期に通知されなかったとき。

3．裁判が、ドイツでされた裁判若しくは承認要件を満たす先行する外国裁判と抵触し、又は裁判の基礎となる手続が先にドイツで係属した手続と抵

触するとき。

4．裁判の承認が、ドイツ法の本質的原則と明らかに抵触する結果をもたらし、とりわけ承認することが基本権と抵触するとき。

(2)　第98条第1項第4号の規定は、婚姻の一方当事者の常居所が裁判をした国にあるときは、外国の婚姻事件の裁判の承認を妨げない。第98条の規定は、婚姻の両当事者が共に国籍を有する国が承認した外国の婚姻事件の裁判の承認を妨げない。

(3)　第103条の規定は、登録簿を編製する国が承認した外国の生活パートナーシップ事件の裁判の承認を妨げない。

(4)　次に掲げる事件に関する外国の裁判は、相互の保証を欠く場合においても、承認されない。

1．家庭争訟事件

2．生活パートナーシップにおける保護及び扶助の義務を定める事件

3．生活パートナーの共通の住居及び家財に係る法律関係を定める事件

4．生活パートナーシップ法第6条第2文並びに民法典第1382条及び第1383条の規定による裁判

5．生活パートナーシップ法第7条第2文並びに民法典第1426条、第1430条及び第1452条の規定による裁判

(5)　外国の裁判が法令に適合しているかどうかについては、調査してはならない。

第110条　外国の裁判の執行可能性

(1)　外国の裁判は、承認の要件を満たさないときは、執行することができない。

(2)　外国の裁判が第95条第1項に掲げる義務を内容とするときは、決定で、その執行を許す旨を命じなければならない。決定には、理由を付さなければならない。

(3)　第2項の規定による決定については、債務者の普通裁判籍の所在地を管轄する区裁判所のほか、民事訴訟法第23条の規定によればその債務者に対して

訴えを提起することができる区裁判所が、管轄権を有する。決定は、外国の裁判が、その裁判をした裁判所に適用される法令により確定した後に、初めてすることができる。

第2編　家庭事件の手続

第1章　総則規定

第111条　家庭事件

家庭事件とは、次に掲げる事件をいう。

1．婚姻事件

2．親子関係事件

3．実親子関係事件

4．養子事件

5．婚姻住居事件及び家財事件

6．暴力保護事件

7．年金調整事件

8．扶養事件

9．婚姻財産制事件

10．その他の家庭事件

11．生活パートナーシップ事件

第112条　家庭争訟事件

家庭争訟事件とは、次の各号に掲げる家庭事件をいう。

1．第231条第1項の規定による扶養事件並びに第269条第1項第8号及び第9号の規定による生活パートナーシップ事件

2．第261条第1項の規定による婚姻財産制事件及び第269条第1項第10号の規定による生活パートナーシップ事件

3．第266条第1項の規定によるその他の家庭事件及び第269条第2項の規定による生活パートナーシップ事件

第113条　民事訴訟法の規定の適用

(1)　婚姻事件と家庭争訟事件には、第2条から第22条まで、第23条から第37条まで、第40条から第45条まで、第46条第1文及び第2文、第47条、第48条並びに第76条から第96条までの規定を適用しない。民事訴訟法の総則規定及び

地方裁判所の手続についての規定は、これを準用する。

(2) 証書訴訟及び手形訴訟に関する民事訴訟法の規定並びに督促手続に関する民事訴訟法の規定は、家庭争訟事件について準用する。

(3) 婚姻事件と家庭争訟事件には、民事訴訟法第227条第3項の規定を適用しない。

(4) 婚姻事件には、次に掲げる事項についての民事訴訟法の規定を適用しない。

1. 事実に関する陳述をしないこと又は拒否したことの効果

2. 訴えの変更の要件

3. 手続方法の指定、早期第一回期日、書面による事前手続及び答弁

4. 和解弁論

5. 裁判上の自白の効力

6. 認諾

7. 証書の真正に関する陳述をしないこと又は拒否したことの効果

8. 相手方の宣誓の放棄、並びに証人又は鑑定人の宣誓の放棄

(5) 民事訴訟法の適用においては、次に掲げる通りに読み替える。

1. 「訴訟」は、「手続」

2. 「訴え」は、「申立て」

3. 「原告」は、「申立人」

4. 「被告」は、「相手方」

5. 「当事者」は、「関係人」

第114条　弁護士による代理、代理権

(1) 家庭裁判所及び高等裁判所において、婚姻事件及び附帯事件における婚姻当事者並びに独立の家庭争訟事件における関係人は、弁護士によって代理されなければならない。

(2) 連邦通常裁判所において、関係人は連邦通常裁判所において許可された弁護士によって代理されなければならない。

(3) 官庁、公法上の法人及び公の役務を遂行するために設置されたこれらの者

の連合体は、自身の職員又は他の官庁、公法上の法人若しくは公の役務を遂行するために設置されたこれらの者の連合体の職員を代理人とすることができる。連邦通常裁判所において、代理権を授与された者は裁判官職に就く資格を有しなければならない。

(4) 次に掲げるものついては、弁護士により代理されることを要しない。

1．保全命令の手続

2．扶養事件において、少年局が補佐人、後見人又は補充保護人として代理している関係人

3．離婚を同意すること及び離婚申立ての取下げに同意すること、並びに離婚の同意を撤回すること

4．離婚から附帯事件を分離する申立て

5．手続費用の救助についての手続

6．民事訴訟法第78条第3項に掲げる場合

7．年金調整法第3条第3項の規定による年金調整の実施の申立て、並びに年金調整法第15条第1項及び第3項の規定並びに第19条第2項第5号の規定による選択権に関する陳述

(5) 婚姻事件における任意代理人は、その手続のための特別の代理権を必要とする。離婚事件のための代理権は、附帯事件にも及ぶ。

第115条　攻撃防御方法の却下

婚姻事件と家庭争訟事件において、適切な時期に提出されなかった攻撃防御方法は、その提出を許すことが、裁判所の自由な心証によると、手続の終了を遅延させることになり、かつ、遅れたことが重大な過失による場合に、これを却下することができる。それ以外の場合、その攻撃防御方法は、総則規定にかかわらず、許されなければならない。

第116条　決定による裁判、裁判の効力

(1) 裁判所は家庭事件において決定で裁判をする。

(2) 婚姻事件における終局裁判は確定により効力を生ずる。

(3) 家庭争訟事件の終局裁判は確定により効力を生ずる。裁判所は、〔裁判

が〕即時に効力を生ずることを命ずることができる。裁判が扶養給付の義務づけを含む場合には、裁判所は、〔裁判が〕即時に効力を生ずることを命ずるものとする。

第117条　婚姻事件及び家庭争訟事件における上訴

(1)　婚姻事件及び家庭争訟事件において、抗告人は抗告を理由付けるために、特定された申立てをなし、かつ、その申立てに理由を付さなければならない。この理由は抗告裁判所に提出されなければならない。抗告理由の提出期間は、2か月とし、決定の書面による告知の時から、遅くとも決定がされた後5か月を経過した時から、進行を始める。民事訴訟法第520条第2項第2文及び第3文並びに第522条第1項第1文、第2文及び第4文の規定は、これを準用する。

(2)　民事訴訟法第514条、第516条第3項、第521条第2項、第524条第2項第2文及び第3文、第527条、第528条、第538条第2項並びに第539条の規定は、抗告の手続について準用する。抗告の手続及び法律抗告の手続においては、和解弁論を要しない。

(3)　抗告裁判所が第68条第3項第2文の規定により個別の手続を省略しようとする場合、裁判所は事前に関係人にその旨を教示しなければならない。

(4)　口頭弁論を終結する期日において終局裁判を言い渡す場合、理由は調書に記載することもできる。

(5)　民事訴訟法第233条及び第234条第1項第2文の規定は、抗告及び法律抗告の理由提出期間を遵守することができなかった場合における原状回復について準用する。

第118条　再審

民事訴訟法第578条から第591条までの規定は、婚姻事件及び家庭争訟事件の手続の再審について準用する。

第119条　保全命令及び仮差押え

(1)　家庭争訟事件には、保全命令に関するこの法律の規定を適用する。民事訴訟法第945条の規定は、第112条第2号及び第3号による家庭争訟事件につい

て準用する。

(2)　裁判所は、家庭争訟事件において仮差押えを命じることができる。民事訴訟法第916条から第934条まで及び第943条から第945条までの規定は、これを準用する。

第120条　執行

(1)　婚姻事件及び家庭争訟事件における執行は、強制執行に関する民事訴訟法の規定に準じて行う。

(2)　終局裁判は、効力の発生とともに、執行力を有する。義務者が、執行により、回復できない不利益を受けることを疎明した場合、裁判所は、当該義務者の申立てにより、終局裁判において、その確定前に、執行を停止し又は制限しなければならない。民事訴訟法第707条第1項の場合及び第719条第1項の場合には、同一の要件においてのみ執行を停止し又は制限することができる。

(3)　婚姻を締結する義務及び婚姻生活を回復する義務は、執行に服しない。

第2章　婚姻事件の手続、離婚事件及び附帯事件の手続
第1節　婚姻事件の手続
第121条　婚姻事件

婚姻事件とは、次に掲げる事項を目的とする手続をいう。

1．離婚（離婚事件）

2．婚姻の取消し

3．関係人間における婚姻関係の存在又は不存在の確認

第122条　土地管轄

次に掲げる順序で、〔次に掲げる裁判所が〕専属管轄権を有する。

1．婚姻の一方当事者が婚姻当事者の共同の未成年子の全てとともに常居所とする地を管轄する裁判所

2．婚姻の一方当事者が婚姻当事者の共同の未成年子の一部とともに常居所とする地を管轄する裁判所。ただし、婚姻の他方当事者と常居所をともに

する婚姻当事者の共同の未成年子がない場合に限る。

  3．婚姻当事者の最後の共通常居所地を管轄する裁判所の管轄区域に、婚姻
    の一方当事者が、事件係属が生じた時点において常居所を有するときは、
    その裁判所

  4．相手方の常居所地を管轄する裁判所

  5．申立人の常居所地を管轄する裁判所

  6．第98条第2項の場合には、婚姻締結時に16歳に達し、18歳に満たない婚
    姻当事者の居所を管轄する裁判所

  7．ベルリンのシェーネベルク区裁判所

第123条　複数の婚姻事件が係属した場合の移送

同一の婚姻に関する複数の婚姻事件が、異なる裁判所の第一審に係属してい
る場合において、これらの手続のうちの一つのみが離婚事件であるときは、
その他の婚姻事件は職権により離婚事件の裁判所に移送されなければならな
い。それ以外のときには、最初に係属した婚姻事件の裁判所に移送する。民事
訴訟法第281条第2項及び第3項第1文の規定は、これを準用する。

第124条　申立て

婚姻事件の手続は、申立書の提出により係属する。訴状についての民事訴訟
法の規定は、これを準用する。

第125条　手続能力

⑴　行為能力を制限された婚姻当事者は、婚姻事件において手続能力を有す
　る。

⑵　行為能力を欠く婚姻当事者は、法定代理人により手続を追行する。法定代
　理人が離婚の申立て又は婚姻取消しの申立てをするには、家庭裁判所又は世
　話裁判所の許可を要する。

第126条　複数の婚姻事件、婚姻事件と他の手続

⑴　同一の婚姻に関する複数の婚姻事件は、互いに併合することができる。

⑵　婚姻事件を他の手続と併合することはできない。第137条の適用はこれを
　妨げない。

(3) 同一の手続において婚姻取消しの申立てと離婚の申立てがされ、双方の申立てに理由があるときは、婚姻取消しのみを宣言しなければならない。

第127条　制限的職権探知主義

(1) 裁判所は、職権で、裁判の基礎とすべき事実を確定するために必要な調査をしなければならない。

(2) 離婚の手続又は婚姻取消しの手続において、関係人によって主張されていない事実は、この事実が婚姻の維持に資するものである場合又は申立人が異議を述べない場合にのみ、これを顧慮することができる。

(3) 離婚の手続において、裁判所が民法典第1568条による特段の事情を顧慮することができるのは、離婚を拒絶する婚姻当事者によって主張された場合に限る。

第128条　婚姻当事者本人の出頭

(1) 裁判所は婚姻当事者本人の出頭を命じ、その陳述を聴取するものとする。婚姻の一方当事者の陳述聴取は、その者の保護その他の理由から必要な場合、婚姻の他方当事者が立ち会わない場でしなければならない。裁判所は、民事訴訟法第448条の要件を満たさない場合にも、職権で、婚姻の一方又は両当事者を関係人として尋問することができる。

(2) 共同の未成年子がある場合、裁判所は、親の配慮及び交流権についても、婚姻当事者の陳述を聴取し、相談手続を利用できることを教示しなければならない。

(3) 婚姻当事者が、出頭をすることができない場合、又は裁判所の所在地から遠隔の地にいるため出頭を要求することができない場合、陳述聴取又は尋問は受託裁判官がすることができる。

(4) 婚姻当事者が出頭しない場合には、尋問期日に証人が出頭しない場合と同様に手続を進めることができる。秩序拘禁は許されない。

第129条　行政官庁又は第三者の協力

(1) 管轄の行政官庁が婚姻の取消しを申し立てるとき又は民法典第1306条に違反する場合において当該第三者が婚姻の取消しを申し立てるときは、その申

立ては婚姻の両当事者に対してなされなければならない。

(2)　民法典第1316条第１項第１号の場合において、婚姻当事者又は当該第三者が申立てをしたときは、その申立てについて管轄の行政官庁に通知がなされなければならない。この場合、管轄の行政官庁は、自ら申立てをした場合でなくても、手続を追行し、とりわけ独立して申立てをなし、上訴を提起することができる。第１文及び第２文の規定は、関係人間の婚姻関係の存在又は不存在の確認を求める申立ての場合について準用する。

第129a条　優先と迅速化の要請

優先と迅速化の要請（第155条第１項）は、婚姻能力を欠くことを理由とする婚姻の取消しの手続について準用する。陳述聴取（第128条）は、遅くとも手続開始後１か月以内に行うものとする。第155条第２項第４文及び第５文の規定は、これを準用する。裁判所は、期日において少年局の陳述を聴取するが、婚姻当事者がその時点において成年に達している場合はこの限りでない。

第130条　関係人の欠席

(1)　申立人に対する欠席裁判は、申立てが取り下げられたものとみなされる旨を示してしなければならない。

(2)　相手方に対する欠席裁判及び記録の現状に基づく裁判はすることができない。

第131条　婚姻の一方当事者の死亡

婚姻の一方当事者が、婚姻事件の終局裁判が確定する前に、死亡した場合、手続はその本案において終結したものとする。

第132条　婚姻取消しの場合の費用

(1)　婚姻の取消しが宣言された場合、手続の費用は相消され（gegeneinander aufheben）なければならない。婚姻締結の際に婚姻の一方当事者だけが婚姻の取消可能性を知っていたこと、又は婚姻の一方当事者が他方当事者による若しくは他方当事者の知っていた詐欺若しくは強迫により婚姻を締結するに至ったことを考慮して、第１文による費用負担が不当であると認めるときは、裁判所は、衡平な裁量により、これと異なる費用負担をさせることがで

きる。

(2) 第1項の規定は、管轄の行政官庁の申立てにより、又は民法典第1306条に違反する場合において当該第三者の申立てにより、婚姻が取り消されたときは、適用しない。

(3) 未成年の関係人には費用を負担させることができない。

第2節　離婚事件及び附帯事件の手続

第133条　申立書の記載事項

(1) 申立書には、次に掲げる事項を記載しなければならない。

1．共同の未成年子の名前及び生年月日並びに常居所の情報

2．婚姻当事者が、共同の未成年子に対する親の配慮、交流及び扶養義務について、並びに婚姻に基づく法律上の扶養義務について、婚姻住居及び家財をめぐる法律関係について、取り決めをしたかどうかの表示

3．婚姻の両当事者が関係人である家庭事件が別に係属しているかどうかの摘示

(2) 申立書には、婚姻証明書及び共同の未成年子の出生証明書を添付するものとする。

第134条　離婚への同意及び離婚申立ての取下げへの同意、撤回

(1) 離婚への同意及び離婚申立ての取下げへの同意は、裁判所事務課の調書への記載により、又は口頭弁論における裁判所の調書への記載により、その旨の意思表示をすることができる。

(2) 離婚への同意は、離婚についての裁判の口頭弁論終結まで撤回することができる。撤回は、裁判所事務課の調書への記載により、又は口頭弁論における裁判所の調書への記載により、その旨の意思表示をすることができる。

第135条　附帯事件についての裁判外紛争解決

裁判所は、婚姻当事者が個別に又は共同で、裁判所が指定する者又は機関において、係属している附帯事件に関する調停その他の裁判外の紛争解決手続の利用可能性について行われる無償の情報提供のための面談

（Informationsgespräch）に参加すること、及び参加の証明書を提出すること
を、命ずることができる。この命令は、独立して不服申立てをすることができ
ず、強制手段を用いて実現することができない。

第136条　手続の中止

⑴　裁判所は、その自由な心証により婚姻の継続の見込みが認められる場合、
職権で手続を中止するものとする。婚姻当事者の別居期間が１年を超える場
合、婚姻の両当事者の異議に反して手続を中止することはできない。

⑵　申立人が手続の中止を申し立てた場合、裁判所は、手続が中止される前
に、離婚を宣言することができない。

⑶　手続の中止は１回のみ繰り返すことができる。中止期間は、合計で、１年
を超えてはならず、別居期間が３年を超える場合は、６か月を超えてはなら
ない。

⑷　裁判所は、手続の中止とともに、原則として、婚姻当事者に対して、婚姻
の相談手続の利用を勧めるものとする。

第137条　離婚事件と附帯事件の併合

⑴　離婚と附帯事件は、併せて審理及び裁判をしなければならない（併合）。

⑵　次に掲げる事件は、離婚の場合に裁判をする必要があり、かつ、離婚事件
の第一審の口頭弁論の遅くとも２週間前に、婚姻の一方当事者により係属が
生じた場合には、附帯事件とする。年金調整について、年金調整法第６条か
ら第19条まで及び第28条が規定する場合には、申立てを要しない。

　１．年金調整事件

　２．共同の子に対する扶養義務又は婚姻に基づく法律上の扶養義務に関する
　　　限りにおいて、未成年者の扶養についての簡略化された手続を除く、扶養
　　　事件

　３．婚姻住居事件及び家財事件

　４．婚姻財産制事件

⑶　親の配慮の移転若しくは剥奪、婚姻当事者の共同の子を対象とする交流権
若しくは引渡し又は婚姻の一方当事者の他方当事者の子との交流権に関する

親子関係事件は、婚姻の一方当事者が離婚事件の第一審の口頭弁論終結前に併合されることを申し立てた場合に、附帯事件とするが、裁判所が、子の福祉の理由から併合が適当でないと認める場合は、この限りでない。

(4) 第2項又は前項の要件に該当する手続は、移送の場合に、離婚事件の裁判所に係属することにより、附帯事件となる。

(5) 第2項の規定による附帯事件が分離された場合、その事件は、引き続き附帯事件である。複数の附帯事件が分離された場合、分離された附帯事件の間に併合状態が継続する。第3項の規定による附帯事件は、手続の分離後は、独立の手続として継続する。

第138条　弁護士の付添い

(1) 離婚事件において申立ての相手方が弁護士により代理されていない場合において、裁判所がその自由な心証により当該関係人の保護のために不可欠であると認めるときは、裁判所は、離婚事件及び附帯事件である親子関係事件について、職権で、当該関係人の権利を擁護するために、第一審において弁護士を付さなければならない。民事訴訟法第78c条第1項及び第3項の規定は、これを準用する。弁護士の付添い〔命令〕の前に、関係人本人の陳述聴取をし、その際に、家庭事件を離婚事件と同時に審理し、裁判をすることができること及びその要件を指摘するものとする。

(2) 付された弁護士は、補佐人の地位を有する。

第139条　その他の関係人及び第三者の引込み

(1) 婚姻当事者以外に関係人がある場合、準備書面、正本又は謄本は、書類の内容が当該関係人に関するものである限りでのみ、当該関係人に通知又は送達される。上訴を提起する権限を有する第三者への裁判の送達についても、同様とする。

(2) 婚姻当事者以外の関係人は、その者が関係人である家庭事件が審理の対象ではない限りで、口頭弁論への参加から排除することができる。

第140条　手続の分離

(1) 扶養附帯事件又は婚姻関係財産附帯事件において、婚姻当事者以外の者が

手続の関係人となる場合、附帯事件は分離されなければならない。

(2) 裁判所は、附帯事件を併合状態から分離することができる。手続の分離は、次に掲げる場合にのみすることができる。

　1．年金調整附帯事件又は婚姻関係財産附帯事件において、婚姻の解消の前に裁判をすることができないとき。

　2．年金調整附帯事件において、年金請求権の存在又は額についての訴訟が他の裁判所に係属しているために、手続が中止されているとき。

　3．親子関係附帯事件において、裁判所が子の福祉の理由から手続の分離を適当であると認める場合又は手続が中止されているとき。

　4．離婚申立ての手続係属から3か月が経過し、婚姻の両当事者が、年金調整附帯事件において必要な関与行為を行い、かつ、一致してその分離を申し立てたとき。

　5．離婚の言渡しが非常に遅延し、更なる遅延により附帯事件の意義を顧慮すると受忍しがたい苛酷さが生ずるであろう場合であって、婚姻の一方当事者が分離を申し立てたとき。

(3) 裁判所は、前項第3号に掲げる場合において、婚姻の一方当事者の申立てにより、親子関係附帯事件との関係のために必要であると認めるときは、扶養附帯事件も分離することができる。

(4) 第2項第4号及び第5号に掲げる場合において、別居の開始から最初の1年が経過する前の期間は考慮しない。民法典第1565条第2項の要件を充たす場合は、この限りでない。

(5) 手続の分離の申立ては、裁判所事務課の調書への記載により、又は口頭弁論における裁判所の調書への記載によりすることができる。

(6) 裁判は独立の決定でなされる。この決定に対しては、独立して不服を申し立てることができない。

第141条　離婚申立ての取下げ

離婚の申立てが取り下げられた場合、取下げの効力は附帯事件にも及ぶ。子の福祉への危険のために親の配慮又はその一部を両親の一方、後見人又は保護

人（Pfleger）に移転することに関する附帯事件並びに取下げの効力が生じる前に関係人が継続を望む意思を明示的に表示した附帯事件については、この限りでない。これらの附帯事件は、独立の家庭事件として継続する。

第142条　一つの終局裁判、離婚申立ての棄却

(1)　離婚の場合において、併合された家庭事件の全てについて一つの決定で裁判をしなければならない。欠席裁判がなされるべき場合も、同様とする。

(2)　離婚申立てが棄却されたときは、附帯事件は対象を失う。第137条第3項の附帯事件及び裁判の前に関係人が明示的に継続の意思を表示した附帯事件についてはこの限りでない。これらの附帯事件は、独立の家庭事件として継続する。

(3)　第1項に規定する決定が年金調整についての裁判を含む場合、その限りで、言渡しの際には決定主文を参照することで足りる。

第143条　故障申立て

第142条第1項第2文の場合に、欠席裁判に対する故障申立てとその他の決定に対する上訴が提起されたときは、まず故障申立て及び欠席裁判について審理及び裁判をしなければならない。

第144条　附帯上訴の放棄

婚姻の両当事者が離婚を宣言する裁判に対する上訴を放棄したときは、その裁判の取消しを附帯事件における上訴に附帯する方法により求めることも、上訴が提起される前に放棄することができる。

第145条　上訴の範囲の拡張及び附帯上訴の期間と制限

(1)　第142条の規定により一体としてなされた裁判が、抗告又は法律抗告によりその一部について不服を申し立てられた場合、一体的な裁判の一部であって、他の家庭事件に関するものは、上訴の範囲の拡張又は附帯上訴の方法により、上訴理由の告知後1か月が経過するまでに限り、不服を申し立てることができる。告知が複数なされたときは、最後の告知を基準とする。上訴理由が法律上要求されていないときは、上訴を提起した書面の告知が上訴理由の告知に代わるものとする。

(2)　この期間内に上訴の範囲の拡張又は附帯上訴がなされたときは、期間をさらに１か月延長する。前文の規定は、延長された期間内に新たな上訴の範囲の拡張又は附帯上訴がなされた場合について準用する。

(3)　年金保険者の不服申立てに附帯して、離婚判決に対する不服申立てをすることはできない。

第146条　差戻し

(1)　離婚の申立てを棄却する裁判が取り消され、かつ、附帯事件について裁判を要するときは、上訴裁判所は棄却した裁判所に事件を差し戻すものとする。差戻しを受けた裁判所は、取消しの理由とされた法律上の判断に拘束される。

(2)　事件の差戻しを受けた裁判所は、取消しの裁判に対して法律抗告が提起されているとき、申立てにより、附帯事件についての審理を命ずることができる。

第147条　取消しの範囲の拡張

　法律抗告により裁判の一部が取り消される場合、法律抗告裁判所は、関係人の申立てにより、取り消される裁判との関係のために必要であると認める範囲においても裁判を取り消し、事件をさらなる審理及び裁判のために抗告裁判所に差し戻すことができる。離婚を宣言する裁判の取消しの申立ては、上訴理由の送達又は法律抗告の許可決定の送達後、送達が複数なされるときは最後の送達後、１か月以内に限りすることができる。

第148条　附帯事件の裁判の効力の発生

　離婚を宣言する裁判の確定前は、附帯事件の裁判は効力を生じない。

第149条　手続費用の救助の許可の拡張

　離婚事件についての手続費用の救助の許可は、明示的に除外されていない限り、年金調整関係附帯事件に及ぶ。

第150条　離婚事件及び附帯事件の費用

(1)　離婚が宣言された場合、離婚事件及び附帯事件の費用は、相消されなければならない。

⑵　離婚申立てが棄却（却下）又は取り下げられた場合、申立人が離婚事件及び附帯事件の費用を負担する。婚姻の両当事者による離婚の申立てが取り下げられ若しくは棄却（却下）された場合、又は手続がその本案において終結した場合、離婚事件及び附帯事件の費用は、相消されなければならない。

⑶　第140条第1項の規定により分離されない附帯事件において、婚姻当事者のほかに関係人がある場合、その者は自ら裁判所外の費用を負担する。

⑷　前3項の場合において、とりわけ婚姻当事者の和諧の観点から、又は附帯事件として追行された扶養事件若しくは婚姻関係財産事件の結果の観点から、費用の分担が衡平でないと認めるとき、裁判所は、衡平な裁量により、費用について異なる配分をすることができる。その際、裁判所は、関係人が第135条の規定による情報提供のための面談（Informationsgespräch）への参加を命ずる裁判官の命令に応じなかったことを、十分に弁明しなかった限り、顧慮することができる。関係人が費用について合意したとき、裁判所は、その合意の全部又は一部を裁判の基礎とするものとする。

⑸　前4項の規定は、手続が分離され、別々に裁判がなされるべき附帯事件について適用する。附帯事件が独立の家庭事件として継続するときは、附帯事件について適用される費用規定が適用されなければならない。

第3章　親子関係事件の手続
第151条　親子関係事件
　親子関係事件とは、家庭裁判所が管轄する手続で、次に掲げる事項に関するものをいう。

1．親の配慮
2．交流権及び子の境遇についての情報を得る権利
3．子の引渡し
4．後見
5．未成年者又は既に懐胎された子のための、保護又はそれ以外の代理人の裁判による選任

6．民法典第1631b条の規定（第1795条第1項第3号及び第1813条第1項と併せて適用される場合を含む。）による自由の剥奪を伴う収容及び自由の剥奪を伴う措置の許可

7．精神病患者の収容に関する州法の規定による未成年者に対する自由の剥奪を伴う収容、自由の剥奪を伴う措置又は強制的な医療措置の許可又は命令

8．少年裁判所法の規定による職務

第152条　土地管轄

(1)　婚姻事件の係属中は、婚姻当事者の共同の子に関する限り、ドイツの裁判所のうち、婚姻事件が第一審に係属している又は係属していた裁判所が専属管轄権を有する。

(2)　前項の場合を除き、子の常居所地を管轄する裁判所が管轄権を有する。

(3)　ドイツの裁判所の管轄権が前2項の規定により存しないときは、扶助の必要性が判明した地を管轄する裁判所が管轄権を有する。

(4)　第1867条の規定と併せて適用される第1693条及び第1802条第2項第3文に掲げる措置については、扶助の必要性が判明した地を管轄する裁判所も管轄権を有する。裁判所は、命じられた措置を、後見又は保護が係属している裁判所に通知するものとする。

第153条　婚姻事件の裁判所への移送

　婚姻事件が係属していている場合において、婚姻当事者の共同の子に関する親子関係事件が他の裁判所で第一審に係属しているときは、この親子関係事件は、職権で婚姻事件の裁判所に移送しなければならない。民事訴訟法第281条第2項及び第3項第1文の規定は、これを準用する。

第154条　子の居所が一方的に変更された場合の移送

　両親の一方が他方の事前の同意なく子の居所（Aufenthalt）を変更したときは、第152条第2項の規定により管轄権を有する裁判所は、子の以前の常居所地の裁判所に手続を移送することができる。当該他方の親に居所指定権が帰属しない場合及び居所の変更が子又は世話をしている親の保護のために必要で

あった場合は、この限りでない。

第155条　優先と迅速化の要請

⑴　子の居所、交流権又は子の引渡しに関する親子関係事件並びに子の福祉への危険を理由とする手続は、優先的に、かつ、迅速に遂行されなければならない。

⑵　裁判所は、前項に規定する手続において、事件について期日に関係人と討論する。この期日は、遅くとも手続の開始から1か月以内に開くものとする。裁判所は、この期日に少年局の陳述を聴取する。期日の延期は、やむを得ない事由がある場合にのみすることができる。延期理由は、延期の申立てにおいて疎明されなければならない。

⑶　裁判所は、手続能力のある関係人本人が期日に出頭することを命ずるものとする。

⑷　裁判所が、第1項に規定する手続を、調停その他の裁判外紛争解決手続の遂行のために、中断した場合において、合意による取り決めに達しないときは、原則として、3か月後に手続を再開する。

第155a条　共同の親の配慮の移転のための手続

⑴　本条の以下の規定は、民法典第1626a条第2項の規定による手続に適用される。共同の親の配慮の移転の申立てには、子の生年月日及び出生地を記載しなければならない。

⑵　第155条第1項の規定は、これを準用する。裁判所は、民事訴訟法第166条から第195条までの規定に従って共同の親の配慮の移転の申立てを他方の親に送達し、その者のために意見陳述の期間を定めるが、この期間は母については早くとも子の出生から6週間後に満了する。

⑶　民法典第1626a条第2項第2文の場合、裁判所は、少年局の陳述聴取をすることなく、また、両親本人の陳述聴取をすることなく、書面による手続で裁判をするものとする。第162条は適用しない。裁判所は、社会法典第8編第87c条第6項第2文により管轄する少年局に対し、社会法典第8編第58条に規定する目的のために、子の生年月日及び出生地並びに出生証明書の時点

における子の名前が摘示された裁判を、法定の方式によらないで通知する。

(4) 前条第2項の規定は、関係人の陳述により又はその他の方法で共同の親の配慮の妨げになり得る事由が裁判所に判明した場合についてを準用する。ただし、同項第2文による期日は、当該事由の判明後遅くとも1か月後に行うものとし、しかし、第2項第2文に定める母の意見陳述期間が経過する前には行わないものとする。前条第3項及び第156条第1項の規定は、これを準用する。

(5) 行為能力が制限されている親の法定代理人による配慮の意思表示及び同意は、討論の期日において裁判所の調書への記載によりすることもできる。民法典第1626d条第2項の規定は、これを準用する。

第155b条　手続の迅速化を求める異議〔Beschleunigungsrüge〕

(1) 第155条第1項に規定する親子事件の関係人は、それまでの手続の期間が上記の規定による優先及び迅速化の要請に適合しないことを主張することができる（手続の迅速化を求める異議）。この場合、関係人は、手続が優先的に及び迅速に遂行されていないことを示す事情を提出しなければならない。

(2) 裁判所は、手続の迅速化を求める異議について遅くとも異議を受理してから1月以内に、決定で裁判をする。裁判所は、手続の迅速化を求める異議に理由があると認める場合には、遅滞なく手続を優先的かつ迅速に遂行するための適切な措置を講じなければならない。とりわけ保全命令の発令を検討しなければならない。

(3) 手続の迅速化を求める異議は、裁判所構成法第198条第3項第1文に規定する遅滞に対する異議〔Verzögerungsrüge〕とみなす。

第155c条　手続の迅速化に関する抗告〔Beschleunigungsbeschwerde〕

(1) 第155b条第2項第1文の規定による決定に対して、関係人は、書面による告知の後2週間以内に、抗告により不服申立てをすることができる。第64条第1項の規定は、これを準用する。裁判所は、更正を行う権限を有しない。裁判所は、遅滞なく次項の抗告裁判所に記録を提出しなければならない。

(2) 区裁判所が第155b条第2項第1文により決定をした場合、手続の迅速化に

関する抗告については高等裁判所が裁判をする。高等裁判所又は連邦通常裁判所が決定をした場合には、同じ裁判所の別の裁判体が裁判をする。

(3)　抗告裁判所は、遅滞なく、記録の現状に基づいて裁判をする。裁判は遅くとも１か月以内になされるものとする。第68条第２項の規定は、これを準用する。抗告裁判所は、従前の手続の期間が第155条第１項に規定する優先と迅速の要請に則しているかどうかを確認する。抗告裁判所が要請に則していないことを確認した場合には、不服申立てがされた決定をした裁判所は、抗告裁判所の法律上の判断に留意して、遅滞なく、優先的に、かつ、迅速に手続を遂行しなければならない。

(4)　裁判所が第155b条第２項第１文に規定する１か月の期間内に手続の迅速化を求める異議についての裁判をしなかった場合、関係人は、２か月の期間内に、第２項の規定により抗告裁判所に手続の迅速化に関する抗告を提起することができる。この期間は手続の迅速化を求める異議が裁判所に受理された時から進行を始める。前２項の規定は、これを準用する。

第156条　合意の促し

(1)　裁判所は、別居及び離婚の際の親の配慮、子の居所、交流権又は子の引渡しに関する親子関係事件において、子の福祉に反しない場合には、手続がいかなる程度にあるかを問わず、関係人の合意を促すものとする。裁判所は、とりわけ親の配慮及び親の責任の遂行についての合意案を作成するために、児童・少年援助を担当する相談機関及び相談サービスによる相談手続を利用できること指摘する。裁判所は、両親が個別に又は共同で、裁判所が指定した者又は機関における、調停その他の裁判外紛争処理の可能性に関する無償の情報提供のための面談に参加し、参加証明書の提出を命ずることができる。さらに、裁判所は、両親が第２文に規定する相談手続に参加することを命ずることができる。第３文及び第４文に規定する命令は、独立して不服申立てをすることができず、強制手段を用いて実現することができない。

(2)　関係人が子の交流又は引渡しについて合意に達した場合において、裁判所が承認するときは、合意による取決めは、和解として記録されなければなら

ない（裁判所の承認を得た和解）。裁判所は、交流についての取決めが子の福祉に反しない場合には、それを承認する。

(3)　子の居所、交流権又は子の引渡しに関する親子関係事件において、第155条第2項の規定による期日に合意による取り決めに達しなかった場合、裁判所は、関係人及び少年局と保全命令の発令について討論しなければならない。相談手続への参加、調停その他の裁判外紛争処理の可能性に関する無償の情報提供のための面談への参加又は書面鑑定を命じた場合、裁判所は、交流権に関する親子関係事件において、保全命令により交流を取り決め、又は交流を排除するものとする。裁判所は、保全命令を発する前に、子本人の陳述を聴取するものとする。

第157条　子の福祉への危険についての討論、保全命令

(1)　民法典第1666条及び第1666a条の手続において、裁判所は、子の福祉への危険に対して、とりわけ公的支援によりどのように対処するのか、及び必要な支援を受け入れない場合に生じ得る結果について、両親と、適切な場合には子とも、討論するものとする。

(2)　裁判所は、前項の規定による期日に両親本人が出頭することを命じなければならない。裁判所は、関係人の保護その他の理由により必要であるときは、両親の一方が立ち会わない場で討論を実施する。

(3)　民法典第1666条及び第1666a条の規定による手続において、裁判所は遅滞なく保全命令の発令について審理をしなければならない。

第158条　手続補佐人の選任

(1)　裁判所は、子の身上に関する親子関係事件において、子の利益を擁護するために必要である限り、未成年の子のために専門的な適格性及び人的な適格性を有する手続補佐人を選任しなければならない。手続補佐人は可能な限り早く選任されなければならない。

(2)　手続補佐人の選任は、次に掲げる裁判が考えられる場合には、常に必要である。

1．民法典第1666条及び第1666a条の規定による身上配慮の一部又は全部の

剥奪

２．民法典第1684条の規定による交流権の否定

３．民法典第1632条第４項又は第1682条の規定による留め置くことの命令

⑶　手続補佐人の選任は、次に掲げる場合には、原則として必要である。

１．子の利益がその法定代理人の利益と著しく相反するとき。

２．子を監督している者から子を引き離すべきとき。

３．手続が子の引渡しを目的とするとき。

４．交流権の本質的制限が考えられるとき。

　　これらの場合において、裁判所が手続補佐人の選任をしないときは、終局裁判にその理由を付さなければならない。

⑷　選任は、選任の取消し、手続を終結させる裁判の確定、又はそれ以外による手続の終結とともに終了する。裁判所は、次に掲げる場合に、選任を取り消す。

１．手続補佐人が選任の取消しの申立てをし、解任の妨げとなる重大な事由がないとき。

２．職務の継続が子の利益を危うくするとき。

⑸　手続補佐人の選任又はその取消し、並びにこれらの措置の拒絶に対しては、独立して不服を申し立てることができない。

第158a条　手続補佐人の適格

⑴　第158条第１項に規定する専門的な適格性を有するのは、家族法、とりわけ親子法、親子関係事件における手続法及び児童・少年援助法の分野における基礎的知識、並びに子の発達心理学に関する知識を有し、子にとって適切な対話技術を有する者である。前文に基づき必要とされる知識及び能力は、裁判所が求める場合には、証明されなければならない。この証明は、とりわけ社会教育、教育学、法律学又は心理学の職業資格、及び手続補佐人としての活動に特化した追加資格によってすることができる。手続補佐人は、定期的に、少なくとも２年ごとに、継続研修を受け、裁判所が求める場合には、その証明を提出しなければならない。

(2) 第158条第1項に規定する人的な適格性を有するのは、良心的に、先入観にとらわれず、かつ、独立して、子の利益を擁護することが保証される者である。人的な適格性を有しないのは、とりわけ、刑法第171条、第174条から第174c条まで、第176条から第178条まで、第180条、第180a条、第181a条、第182条から第184c条まで、第184e条から第184g条まで、第184i条から第184l条まで、第201a条第3項、第225条、第232条から第233a条まで、第234条、第235条又は第236条の規定に基づく犯罪行為のために有罪判決が確定した者である。第2文の要件を審査するために、裁判所は、当該者の拡張無犯罪証明書（連邦中央登録法第30a条）を提出させるか、又は当該者の同意を得てその他の方法で既に提出された拡張無犯罪証明書を閲覧するものとする。このような証明書は、3年以上前のものであってはならない。記録されなければならないのは、選任された手続補佐人の拡張無犯罪証明書を閲覧したこと、発行日及び拡張無犯罪証明書に第2文に掲げられた犯罪行為による確定有罪判決に関する記録がないことを確認したことに限る。

第158b条　手続補佐人の職務と法的地位

(1) 手続補佐人は、子の利益を確認し、裁判手続においてこれを主張しなければならない。このために書面により意見を陳述するものとする。手続補佐人は、手続の対象、経過及び予想される帰結を、適切な方法で子に知らせなければならない。手続が終局裁判により終了した場合、手続補佐人は、裁判所の決定について子と討論するものとする。

(2) 裁判所は、必要である限り、手続補佐人に対し、子の両親及び子と親密な関係を有する者（Bezugsperson）と話合いをすること、並びに手続対象について合意による取決めの成立に向け協力することという職務を委託することができる。裁判所は、委託の態様と範囲を具体的に定め、委託の理由を付さなければならない。

(3) 手続補佐人は、選任されることにより、関係人として手続に参加させられる。手続補佐人は、子の利益のために、上訴を提起することができる。手続補佐人は、子の法定代理人ではない。

第158c条　報酬、費用

⑴　手続補佐人が職業として手続補佐を行う場合、各審級における職務の遂行ごとに350ユーロの一時金の支払を受ける。第158b条第２項の規定に基づく職務の委託がされた場合、報酬は550ユーロに増額される。報酬は、手続補佐を機として生じた費用の償還請求権にも充てられる。

⑵　第277条第１項の規定は、非職業的手続補佐人の費用の償還について準用する。

⑶　費用償還と報酬は、常に国庫から支出しなければならない。第292条第１項及び第５項の規定は、これを準用する。

⑷　手続補佐人には、費用を負担させることができない。

第159条　子本人の陳述聴取

⑴　裁判所は子本人の陳述を聴取しなければならず、子本人の印象を獲得しなければならない。

⑵　裁判所は、次に掲げる場合に限り、第１項の規定による本人の陳述聴取及び本人の印象の獲得を行わないことができる。第３号は、民法典第1666条及び第1666a条の規定に基づく、子の身上に関する手続には適用しない。裁判所は、この手続において、子が明らかにその好悪及びその意思を表明することができない状態にある場合であっても、子本人の印象を獲得しなければならない。

　1．行わないことについて重大な理由があるとき。

　2．子が明らかにその好悪及びその意思を表明することができない状態にあるとき。

　3．子の好悪、結びつき及び意思が裁判にとって重要でなく、かつ、本人の陳述聴取が他の理由で適切でもないとき。

　4．手続が専ら子の財産にのみ関するものであり、本人の陳述聴取が事件の性質上適切でないとき。

⑶　裁判所が、子本人の陳述聴取又は子本人の印象の獲得を行わない場合、終局裁判にその理由を付さなければならない。陳述聴取又は本人の印象の獲得

が、専ら差し迫った危険があることを理由として行われないときは、その後遅滞なく追完されなければならない。

(4) 子の発達、教育又は健康に重大な不利益を及ぼすおそれがない限りで、手続の対象、経過及び予想される帰結を、子の年齢に応じた適切な方法で、子に知らせるものとする。子には意見を陳述する機会が与えられなければならない。裁判所が第158条の規定により子のために手続補佐人を選任した場合、本人の陳述聴取及び本人の印象の獲得は、手続補佐人の在廷の下で行われるものとする。その他の点について、本人の陳述聴取の具体化は、裁判所の裁量による。

第160条　両親の陳述聴取

(1) 子の身上に関する手続において、裁判所は、両親に対し本人の陳述を聴取するものとする。民法典第1666条及び第1666a条の規定による手続においては、両親本人の陳述を聴取しなければならない。

(2) その他の親子関係事件において、裁判所は、両親の陳述を聴取しなければならない。親の配慮が帰属しない親について、陳述聴取により（事案の）解明の見込みがない場合は、この限りでない。

(3) 陳述聴取は、重大な理由がある場合に限り、しないことができる。

(4) 陳述聴取が、専ら差し迫った危険があることを理由として行われないときは、遅滞なく追完されなければならない。

第161条　養育者の協力

(1) 裁判所は、子の身上に関する手続において、子が相当長期間家庭養育（Familienpflege）の下で生活しているときは、子の利益のために、養育者を関係人として手続に加えることができる。前文の規定は、子が、民法典第1682条の規定による裁判に基づいて、同条に掲げられた婚姻当事者、生活パートナー又は交流権を有する者とともに生活している場合について準用する。

(2) 子が相当長期間家庭養育の下で生活しているときは、前項に掲げられた者の陳述を聴取しなければならない。

第162条　少年局の協力

⑴　子の身上に関する手続において、裁判所は、少年局の陳述を聴取しなければならない。陳述聴取が、差し迫った危険があることを理由として行われないときは、遅滞なく追完されなければならない。

⑵　少年局は、民法典第1666条及び第1666a条の規定による手続において関係人となる。それ以外の場合、少年局は、その申立てにより手続の関係人となる。

⑶　子の身上に関する手続においては、少年局に対し、期日を通知しなければならず、裁判所の全ての裁判を通知しなければならない。少年局は決定に対して抗告をすることができる。

第163条　鑑定人による鑑定

⑴　第151条第1号から第3号の規定による手続においては、適格な鑑定人による鑑定が行われなければならず、その鑑定人は、少なくとも心理学、心理療法学、児童・少年精神医学、精神医学、医学、教育学又は社会教育学の職業資格を有しているものとする。その鑑定人が教育学又は社会教育学の職業資格を有している場合は、十分な診断及び分析のための知識の習得が認定された追加資格によって証明されなければならない。

⑵　裁判所は、子の身上に関する手続において、鑑定人が鑑定書の作成の際に関係人の間における合意が成立するようにも促すべきことを命ずることができる。

第163a条　子の尋問の排除

子は証人として又は関係人として尋問されない。

第164条　裁判の子への告知

子が満14歳に達し、かつ、行為無能力ではない場合、子が抗告権を行使することのできる裁判は、子自身に告知しなければならない。子の発達、教育又は健康に不利益を及ぼすおそれがあるときは、裁判の理由を子に通知しないものとする。第38条第4項第2号は、これを適用しない。

第165条　あっせん手続

(1) 両親の一方が、共同の子との交流についての裁判所の決定又は裁判所の承認を得た和解の実現を両親の他方が不可能又は困難にしていることを主張している場合、裁判所は、一方の親の申立てにより、両親のあっせんをする。既にあっせん手続又は後続する裁判外の相談手続が不調に終わっているとき、裁判所は、あっせん手続をしないことができる。

(2) 裁判所は、遅滞なく両親をあっせん期日に呼び出す。裁判所は、前文の期日に両親本人が出頭することを命じる。裁判所は、呼出状において、あっせん手続が不調の場合に第5項の規定により生じ得る法律効果を指摘する。裁判所は、適切な場合には、少年局も期日に呼び出す。

(3) 裁判所は、あっせん期日において、交流が行われないことが子の福祉にどのような効果を持つことがあるのかについて、両親と討論する。裁判所は、交流が不可能又は困難となる場合に生じ得る法律効果を、とりわけ秩序罰が科され、又は親の配慮が制限若しくは剥奪され得ることを指摘する。裁判所は、児童・少年援助を担当する相談機関及び相談サービスによる相談手続を利用することができることを両親に指摘する。

(4) 裁判所は、両親が交流の実施について合意に達するよう促すものとする。裁判所の承認を得た和解が成立した場合、この和解が従前の取り決めに代わる。合意が得られない場合、争点が記録に留められなければならない。

(5) 交流の合意による取り決めに達せず、かつ、その後の裁判外の相談手続の利用について合意に達しない場合、又は両親の少なくとも一方があっせん期日に出頭しなかった場合、裁判所は、不服申立てのできない決定で、あっせん手続が不調であることを確認する。この場合において、裁判所は、秩序罰を科すこと、交流の取り決めを変更すること、又は配慮に関する措置をとることが、なされるべきかどうかを審理する。対応する手続が職権で、又は1か月以内になされた両親の一方の申立てにより開始された場合、あっせん手続の費用は、後続する手続の費用の一部として扱われる。

第166条　裁判及び裁判所の承認を得た和解の変更及び見直し

⑴　裁判所は、裁判又は裁判所の承認を得た和解を、民法典第1696条の基準に従い変更する。

⑵　子の保護のための法による長期にわたる措置であって、職権により変更することができるものは、裁判所が適切な間隔で見直しをしなければならない。

⑶　裁判所は、民法典第1666条から第1667条までの規定による措置をしない場合、適切な間隔で、原則として3か月後に、その決定の見直しを行うものとする。

第167条　未成年者の収容と未成年者に対する自由の剥奪を伴う措置に適用される規定

⑴　第151条第6号の規定による手続には、第312条第1号及び第2号の規定による収容事件に適用される規定を適用し、第151条第7号の規定による手続には、第312条第4号の規定による収容事件に適用される規定を適用する。手続保護人は、手続補佐人と読み替える。手続補佐人の選任は常に必要である。

⑵　前項に規定する親子関係事件について、未成年者に対する後見又は収容を伴う保護が開始されている裁判所とは異なる裁判所が管轄権を有する場合、この裁判所は、前項に規定する手続を管轄する裁判所に対し、後見又は保護の命令及び取消し、収容を職務事項とする定めの削除並びに後見人又は保護人の変更を通知する。前項に規定する手続を管轄する裁判所は、他方の裁判所に収容措置、その変更、延長及び取消しを通知する。

⑶　事件本人は、満14歳に達している場合、行為能力の有無に関わらず手続能力を有する。

⑷　第1項第1文に掲げられた手続において、身上配慮の権利を有する親、身上についての法定代理人及び養親の本人の陳述を聴取しなければならない。

⑸　収容のための引渡しの際に、少年局は、両親、後見人又は保護人を、これらの者の求めにより援助しなければならない。